De l'illettrisme en général et de l'école en particulier

ALAIN BENTOLILA

DE L'ILLETTRISME EN GÉNÉRAL ET DE L'ÉCOLE EN PARTICULIER

PLON

ISBN : 2-259-18428-6

À mon père qui a honoré l'École de la République
À mes filles qui m'apprennent le métier de père
À Catherine qui m'apprend l'exigence
À ma mère...

Avant-propos

Centre de sélection de Vincennes, octobre 1994. Mathieu D., 20 ans, vient d'être déclaré apte au service national. De l'autre côté d'une longue table de bois jaunâtre, je regarde Mathieu. Lui ne me regarde pas, son regard semble tourné vers l'intérieur.

Depuis une demi-heure, il parle ; pas vraiment à moi. Je ne suis là que pour justifier son monologue. La preuve : quand je me suis hasardé à poser des questions : « c'était qui ? », « c'était où ? », « c'était quand ? », il s'est fermé ; il a paru se demander ce que je venais faire dans son monde. Alors je me tais, j'essaie de nouer tant bien que mal le fil d'un discours chaotique qui souligne les séquences du film qu'il se projette dans sa tête.

Non, Mathieu ne *me* parle pas ; il a commencé à *se* parler juste après avoir passé ses tests de lecture : la série de mots simples à suffi à le mettre en échec. Je lui ai alors demandé s'il se souvenait d'avoir vu son père ou sa mère un livre à la main. Cela a eu l'air de l'amuser. Pour la première fois, il a presque souri. Oh, pas un vrai sourire, juste un étirement des lèvres entre rancœur et dérision. Son père, représentant de commerce, il ne l'a vu ni très souvent ni bien longtemps. Sa mère, infirmière dans un hôpital à l'autre bout de Paris, avait bien autre chose à faire que lire. Non, les livres ne faisaient pas partie de l'univers de la famille D. Le dialogue non plus d'ailleurs : on se parlait peu, on s'écoutait encore moins. C'est dans le silence et l'indifférence que Mathieu fit ses premières armes linguistiques.

Nourrice, crèche ; on subvient largement à ses besoins vitaux, on lui inculque les principes d'un comportement socialement acceptable. À trois ans et demi, Mathieu pousse la porte de l'école maternelle. C'est un enfant qui ne se livre pas. Il ne demande rien. On le sollicite peu. Durant trois ans, il ne posera à ses institutrices aucun problème particulier. Il fait partie des quelques enfants calmes, volontiers silencieux qui passent à l'école maternelle sans y laisser de trace et sans en être en rien marqués. Quelques mots soulignent son passage au cours préparatoire : « Enfant un peu renfermé, mais sage ; semble intéressé par les activités physiques et les arts plastiques. » Nul ne s'est aperçu que Mathieu évoluait dans une sorte de brouillard linguistique. Les mots lui manquent pour dire le monde, les phrases lui font défaut pour exprimer ce qu'il pense. L'idée même que l'on puisse communiquer à quelqu'un d'autre ce que l'on pense lui est totalement étrangère. Il désigne les objets et les êtres, il constate les événements, mais il ne parle *de* rien ; il ne questionne *sur* rien. À six ans, Mathieu ignore ce que parler veut dire. Faute d'avoir été aidé durant ses six premières années d'apprentissage par des médiateurs attentifs, il n'a pu découvrir ni les enjeux ni les principes de fonctionnement du langage.

La grande école. Mathieu entame l'apprentissage de la lecture avec deux handicaps majeurs : son langage pauvre, mal structuré n'est porté par aucune ambition de communication ; en outre, il ne sait pas pourquoi il doit apprendre à lire. Deux années de cours préparatoire ne parviendront ni à améliorer la maîtrise de son langage ni à rendre plus claires les finalités de la lecture. Il avance parce qu'il faut bien avancer, tantôt résigné à déchiffrer mot après mot, tantôt essayant de deviner un sens qu'il ne sait pas construire. À la fin de l'école primaire, Mathieu est tout juste capable de saisir quelques-unes des informations les plus évidentes d'un texte court. Les mots peu courants ou abstraits le désarçonnent, les relations chronologiques le troublent, les enchaînements logiques le mettent en échec.

Inutile de préciser qu'à l'âge de 13 ans, après avoir redoublé son CM2, il entre au collège sans avoir jamais lu un livre. Séries télévisuelles, spots publicitaires occupent une part importante de son temps. La télévision le rassure ; il a le sentiment — ô combien agréable — de savoir à l'avance ce qui va arriver. Rien ne le surprend, personne n'exige qu'il aille dénicher ce sens qui sans cesse se refuse. L'écran lui offre rêve et évasion sans lui « prendre la tête ».

Du collège, Mathieu sort à 17 ans sans avoir obtenu son brevet, après avoir échoué à un CAP de mécanicien en maintenance dont les épreuves générales lui ont été fatales. Deux ans plus tard, on lui proposera un stage d'insertion (vente et placements). Deux jours lui sufffiront pour comprendre que les formulaires, tableaux et textes qui sont distribués sont hors de sa portée. Il en gardera un sentiment douloureux de frustation et de rancune.

Le 15 janvier 1974, quand vint au monde Mathieu D., son destin linguistique était tracé. Du verbe il ne connaîtrait que les balbutiements : demandes, constats, appels et invectives. Lui serait étranger ce qui donne à la parole son pouvoir : analyse, critique, argumentation et évocation. Son destin social était tout aussi programmé. Français et francophone, Mathieu serait étranger à sa propre communauté nationale, conduit à chercher dans un ghetto social et culturel la chaleur et le sens que ni sa famille ni l'école de la république ne sauraient lui offrir.

Après quatorze années de scolarité, Mathieu D. est illettré : incapable de lire une consigne, de remplir un formulaire, de comprendre un article de journal, il a bien peu de chances de trouver sa place dans notre société.

8 % des jeunes adultes français sont dans le même cas.

I

La véritable dimension de l'illettrisme en France

Le terme d'illettrisme apparaît au début des années 80, créé par l'association ATD Quart Monde, sans définition précise. On ne se soucie pas alors de lui donner une définition précise ; pour ses créateurs, ce mot avait pour intérêt majeur de permettre de parler d'illettrés et non d'analphabètes, vocable dont la consonance (analpha-*bêtes*) était considérée comme une marque d'infamie. À cette époque, l'idée même que l'on puisse être incapable de lire et d'écrire en France apparaissait comme improbable voire comme tout à fait incongrue. Ainsi, en 1979, Lionel Stoleru affirmait déjà que « le problème de l'analphabétisme était considéré comme résolu ». Cette même année, la France répondait à un questionnaire de la CEE : « Il n'existe pas d'analphabétisme sur le territoire français. »

Faute de mesure précise, faute de définition claire, le discours sur l'illettrisme va se nourrir, pendant plus de dix ans, d'illustrations et de tranches de vie ; on évoque de dramatiques situations de précarité et d'exclusion et l'on oublie d'analyser la nature des déficiences de lecture et d'écriture et d'en mesurer l'ampleur. La revue de presse de la dernière décennie est éclairante ; elle révèle autant d'approximation dans la description du phénomène que d'insistance sur l'aspect « pittoresque » des détresses sociales, économiques et sanitaires qui l'accompagnent.

« La malnutrition précoce, les conditions de misère et d'exclusion ont façonné leur profil cérébral et leur allure sur un modèle unique. D'apparence violette, cette fillette de quarante ans résume cet archétype : silhouette chétive, fragilité épidermique et motricité hésitante. » (*Événement du jeudi*, 25/05/1988.)

« Le père invalide, au chômage ou absent, une famille nombreuse confinée dans un logement trop petit et dans laquelle l'enfant a juste le droit de ne pas déranger, la faillite d'un environnement culturel, des ruptures dans l'histoire personnelle scandée par les maladies psychosomatiques. Une vie marquée par l'absence de communication cognitive et affective. » (*Libération*, 15/04/1987.)

« Fils d'ouvrier, tombé d'un échafaudage, et d'une femme de peine alcoolique, son histoire semble sortir de Zola. Mais elle se passe dans une cité HLM des faubourgs d'Amiens, à l'orée du vingt et unième siècle, et ressemble à la plupart des biographies d'illettrés. » *(Le Monde*, 29/10/1987.)

« Il entre dans la vie active à quatorze ans comme couvreur-plombier. Il n'a alors aucun diplôme et pas de formation professionnelle [...]. Mariage. Deux enfants qu'André ne pourra pas aider dans leurs devoirs d'école. Puis c'est une série d'échecs où l'analphabétisme a sa part : alcoolisme, perte de son emploi de couvreur-plombier, divorce. » (*La Croix*, 13/10/1984.)

« Cette petite femme de 36 ans, par exemple, à demi illettrée, accablée de " 500 000 francs de dette de loyer ", et handicapée par une mauvaise santé, qui avait cessé d'adresser la parole à quiconque, " parce que les gens me regardent de travers ". » Le Monde, 29/10/1987.)

« Marie-Claire, 35 ans, a commencé à travailler dans une boulangerie à l'âge de quatorze ans. Elle vient d'avoir son deuxième enfant. " Il n'y a pas longtemps, je suis tombée malade. Je ne sais pas lire les ordonnances. Un jour, je me suis trompée de médicament. J'ai beaucoup dormi et j'ai eu très peur pour le bébé. " » (Le Figaro, 16/06/1986.)

« Jacques, 22 ans, vit de petits « boulots » depuis qu'il est en âge de travailler : j'ai pu trouver une place de commis chez un charcutier, il y a deux mois. C'est un ami qui m'en avait parlé. Sinon, je ne l'aurais jamais su. Je n'arrive pas à lire les petites annonces. » (*Le Figaro*, 16/06/1986.)

« La vie des illettrés s'étire en une succession d'échecs de tous ordres, au point que certains d'entre eux ont fini par trouver un statut relativement stable dans cette singularité et se montrent rebelles à tout traitement. » (*Le Monde*, 9/04/1988.)

On ne saurait contester que l'illettrisme va de pair avec la quasi-totalité des détresses sanitaires et sociales ; nul ne doute qu'il s'accompagne souvent de terribles misères affectives et de graves difficultés psychologiques. Cependant, à vouloir fondre l'illettrisme dans l'ensemble des malheurs qui accablent les plus défavorisés, on risque d'en oublier la spécificité, et de substituer à une véritable stratégie de lutte contre l'illettrisme un saupoudrage caritatif sans réelle efficacité. On commettrait une grave erreur en s'obstinant à refuser de mettre en œuvre la démarche rigoureuse de mesure et d'analyse qui s'impose car l'illettrisme constitue un danger majeur pour la cohésion nationale.

Il n'est pire aveugle qui ne veut voir...

Entre 1980 et 1990, les chiffres avancés en matière d'illettrisme en France ont varié de zéro (réponse à l'enquête européenne de 1979) à plusieurs millions (article de *Libération* du 22 mars 1988). Dans l'intervalle, selon les aléas de la vie sociale et politique, on a pu assister périodiquement à des « poussées de statistiques » qui tantôt voulaient prouver envers et contre tout que « le niveau montait », tantôt alertaient l'opinion sur la dégradation catastrophique de l'éducation dans notre pays. En France, tout particulièrement, on préfère se servir des chiffres que les servir, et l'on se méfie volontiers de ceux qui tentent d'établir des statistiques sérieuses et continues. Tout est bon pour éviter de regarder cette triste réalité de l'illettrisme en face. Pour les uns, les tests de performances de lecture sont trop réducteurs et ils leur préfèrent la description des itinéraires particuliers de quelques individus qui ne représentent qu'eux-mêmes ; pour d'autres, les échantillons ne sont jamais suffisamment représentatifs, les tests jamais assez pertinents et ils en sont conduits à ne rien évaluer.

En fait, la mesure rigoureuse de l'illettrisme dérange. Elle dérange parce qu'elle met en cause l'activité d'institutions et d'organismes qui préfèrent maintenir ce fléau dans un flou artistiquement entretenu. Qui veut vraiment aujourd'hui réfléchir à la responsabilité du système éducatif face à la réalité inquiétante de l'illettrisme ? Qui a la volonté d'évaluer sérieusement le résultat tangible de plus de dix années de lutte contre l'illettrisme au regard de l'évolution du nombre des illettrés ? Qui a le courage de mettre en cause l'efficacité des coûteuses procédures de formation et d'insertion en soulignant le fait que nombre de stagiaires sont incapables d'en tirer profit faute de maîtriser la lecture et l'écriture ? Fort peu de gens en vérité ! La plupart de ces responsables préfèrent protéger jalousement leur territoire et garantir frileusement leur pouvoir en privilégiant une action routinière, inefficace... et sans risques.

C'est ainsi que s'expliquent un certain nombre d'anomalies ; on comprend par exemple pourquoi le projet de création d'un observatoire national de l'illettrisme préparé par l'INSEE [1], l'INED [2] et l'Université de Paris fut enterré en 1993 par le Groupe Permanent de Lutte contre l'Illettrisme qui eût dû en être le parrain ; ou encore pourquoi la Direction du RMI manifesta une volonté obstinée de dissimuler les premiers résultats obtenus en 1993 sur la proportion d'illettrés chez les allocataires ou enfin pourquoi le ministère de l'Éducation, à la veille de la publication des résultats de l'Enquête internationale sur les savoir-faire de base, a refusé que soient publiés les piètres résultats de la France. L'énorme machine de l'Éducation et de la Formation peut-elle se contenter de tourner au rythme inexorable de l'habitude et de la bonne conscience ? Peut-elle ignorer qu'elle exclut en silence une part importante de ceux qu'elle a en charge d'éduquer et d'insérer ? Prendre la mesure précise de l'illettrisme ne permet certes pas d'identifier les causes de ce phénomène complexe ; il ne s'agit pas d'analyser les dimensions affectives, culturelles, sociales d'une tragique condition d'exclusion. Mais une mesure juste et régulièrement effectuée constitue un levier de questionnement nécessaire si l'on veut que dans bien des secteurs on comprenne enfin qu'il faut agir, pas seulement faire semblant. Bien des responsables chargés de former, d'insérer, d'intégrer devraient méditer cette phrase du marquis de Lampedusa qui dit, dans *Le Guépard* : « Il

1. Institut National de la Statistique et des Études Économiques.
2. Institut National d'Études Démographiques.

faut savoir changer pour que tout reste pareil. » Pour savoir changer, encore faudrait-il accepter de regarder avec lucidité et courage la réalité d'un illettrisme dont l'existence et le développement mettent en cause bien des actions de formation et d'insertion.

Comment peut-on mesurer l'illettrisme ?

Les façons de mesurer l'illettrisme sont multiples ; il convient de les questionner. Il faut ainsi se méfier des enquêtes qui se fondent sur les déclarations des personnes interrogées. Dans une société où l'écrit est très valorisé, lorsque l'on demande à un individu s'il sait lire ou écrire, on peut s'attendre à ce qu'il ait tendance à cacher ses difficultés. En France, comme dans l'ensemble des pays développés, il est extrêmement difficile d'avouer ses déficiences en matière de lecture ; ainsi, lors de notre recherche sur les performances en lecture des allocataires du RMI, nous nous sommes aperçus que plus de 60 % de ceux que les tests avaient révélés en difficulté profonde de lecture déclaraient, eux, n'avoir que peu ou pas de problème pour lire un texte. Ce n'est donc pas sur la base d'aveux douloureusement arrachés à nos concitoyens que l'on peut fonder la mesure de l'illettrisme en France. Il n'est pas plus raisonnable d'établir une correspondance entre les niveaux scolaires atteints et des performances supposées en lecture alors que l'on connaît l'extrême hétérogénéité des classes.

La seule façon sérieuse d'évaluer les capacités de lecture d'une population consiste à disposer d'un échantillon d'individus suffisamment important pour que l'on puisse en vérifier le caractère représentatif. À cet échantillon que l'on dit « captif » — mais qui n'est en fait que disponible — on propose une série d'épreuves soigneusement élaborées pour révéler le niveau de lecture de la personne testée. Les résultats obtenus aux différentes épreuves définissent pour chaque individu un profil de lecture qui situe et décrit son savoir-lire. Telle est la démarche que nous avons suivie pour évaluer les performances des jeunes Français de 18 à 23 ans, celles des détenus dans les maisons d'arrêt et celles enfin des allocataires du RMI [3]. Dans chacun des cas, nous avons testé quatre types de performances :

• la capacité d'identifier et de comprendre les mots,

• la capacité de comprendre une phrase simple,

• l'aptitude à saisir quelques informations dans un texte court,

• et celle enfin à comprendre en profondeur un texte court.

Les profils établis pour chaque individu testé nous ont permis de constituer cinq « familles » de lecteurs qui correspondent respectivement à un même seuil de performance :

La *famille A* regroupe des individus qui se situent en deçà de la lecture de mots simples et isolés ; on considérera que l'on a affaire à des personnes en situation d'analphabétisme.

La *famille B* concerne ceux qui sont en deçà de la lecture de phrases simples ; ils ne sont capables que d'identifier des mots isolés.

La *famille C* rassemble les personnes qui se trouvent en deçà de la lecture de textes courts ; ils ne sont capables que de lire des phrases simples.

La *famille D* est celle des individus qui se situent en deçà de la lecture approfondie d'un texte ; ils ne sont capables que d'en extraire quelques informations explicites.

3. L'ensemble de ces études a été mené par une partie de l'équipe de recherche universitaire dirigée par Alain Bentolila : Pierre Fort, diplômé d'Études approfondies en linguistique et statisticien ; Jean Mesnager, professeur d'IUFM ; Jean-Philippe Rivière, docteur en linguistique.

La *famille E* est constituée de ceux qui sont capables de lire un texte court de manière approfondie.

À partir des cinq familles de performances clairement identifiées, l'examen des populations qui les composent permet d'avoir une idée encore incomplète mais précise de l'état de l'illettrisme en France.

Sur quels chiffres peut-on se fonder aujourd'hui ?

A. La population des *jeunes adultes*. Depuis 1990, nous avons évalué chaque année les performances en lecture de plus de 350 000 jeunes gens de nationalité française âgés de 18 à 23 ans. En 1995, les résultats sont les suivants :

- **1 %** des jeunes adultes sont analphabètes ; ils appartiennent à la famille A.
- **3 %** ne dépassent pas la lecture d'un mot simple isolé ; ils font partie de la famille B.
- **4 %** sont limités à la lecture de phrases simples isolées ; ils constituent la famille C.
- **12 %** ne sont capables que de la lecture superficielle d'un texte court et simple ; ils appartiennent à la famille D.
- **80 %** ont la capacité de lire un texte de façon approfondie ; ils constituent la famille E.

Cette enquête, menée en étroite collaboration avec la Direction centrale du service national, concerne les jeunes gens, à l'exclusion des jeunes filles. Ce que nous savons des écarts en lecture entre filles et garçons de cet âge nous laisse supposer que la prise en compte de la population féminine ne modifierait pas de façon déterminante la distribution ci-dessus. Depuis 1990, les chiffres que nous avons obtenus chaque année n'ont varié que dans des proportions insignifiantes. De façon constante, on peut ainsi affirmer que **8 %** des jeunes adultes français, quel que soit leur niveau de scolarité et de diplômes, sont incapables d'affronter la lecture d'un texte simple et court. Ils constituent une masse importante d'illettrés qui ne pourront pas lire un article de journal, comprendre les détails d'une convocation ou d'un document administratif, suivre un mode d'emploi ou bien encore se servir d'un plan ou d'un tableau. Leurs difficultés de lecture les marginalisent et rendent aléatoire leur participation à des actions de formation ou d'insertion. S'il est préoccupant que 20 % de nos jeunes adultes ne soient pas des lecteurs accomplis, il est infiniment plus inquiétant que 8 % d'entre eux soient, du fait de l'illettrisme, des exclus en puissance.

Lorsque l'on ne considère que les jeunes gens ayant quitté le système scolaire en classe de troisième sans diplôme (soit un quart environ de notre population) on découvre que plus de 33 % sont en situation d'illettrisme profond soit quatre fois plus que dans la population générale des jeunes adultes : un élève sur trois ayant passé entre dix et douze années à l'école en sort illettré.

Nos plus récentes analyses nous ont permis d'obtenir une première représentation de la distribution des degrés d'illettrisme dans les différentes régions de France. Ces premiers constats révèlent une assez nette démarcation entre l'Est relativement épargné et l'Ouest plus significativement touché par l'illettrisme. Les régions du Nord-Pas-de-Calais et de Provence-Alpes-Côte-d'Azur sont pour leur part confrontées à un problème d'illettrisme particulièrement préoccupant. Précisons que si la carte de l'illettrisme recouvre presque exactement celle des taux de chômage des jeunes adultes, la représentation géographique des taux d'immigration par contre se distingue très clairement de celle de l'illettrisme.

B. Deux populations *en situation d'exclusion*. Depuis 1992 a été mis en place dans les maisons d'arrêt un dispositif de repérage de l'illettrisme analogue à celui qu'on utilise pour évaluer la population des jeunes adultes. En

1995, 3218 détenus ont subi les tests dans plus de trente établissements pénitentiaires. Cet échantillon ne comporte que des individus francophones. Les résultats obtenus permettent une utile comparaison avec les performances décrites dans la population des jeunes adultes.

Jeunes adultes	*PERFORMANCES*	*Détenus*
1 %	sont analphabètes	9 %
3 %	sont limités à l'identification de mots	12 %
4 %	sont limités à la lecture de phrases simples	8 %
12 %	n'ont qu'une lecture superficielle du texte	20 %
80 %	sont des lecteurs accomplis	51 %

Alors que 8 % seulement — si l'on peut dire — des jeunes adultes français sont en très sérieuses difficultés de lecture, 29 % des détenus francophones connaissent des problèmes analogues. Cela ne signifie pas que l'illettrisme mène tout droit en prison, mais force est de constater que ce handicap accompagne la délinquance et la marginalité. De ce point de vue, le travail de repérage et de remédiation systématiquement mis en œuvre par l'Administration pénitentiaire a un caractère tout à fait exemplaire.

En 1993 fut mise en place une opération destinée à mieux apprécier les capacités de lecture des allocataires du RMI. Treize départements ont participé à cette démarche de repérage ; 1 020 individus furent testés, formant un échantillon dont la représentativité a permis de proposer un premier panorama des performances en lecture des allocataires du RMI. La comparaison avec les capacités de lecture des jeunes adultes est éclairante.

Jeunes adultes	*PERFORMANCES*	*Allocataires du RMI*
1 %	sont analphabètes	12,5 %
3 %	sont limités à l'identification de mots	12 %
4 %	sont limités à la lecture de phrases simples	11 %
12 %	n'ont qu'une lecture superficielle du texte	21 %
80 %	sont des lecteurs accomplis	53,5 %

Plus de 35 % des allocataires du RMI ne peuvent pas lire les articles de journaux les plus simples ; ils sont incapables d'exploiter une documentation technique ; la lecture de plans, de tableaux et bien sûr de graphiques leur est interdite. Pour la plupart, ils ne comprennent pas les détails d'une convocation ou les consignes d'un formulaire administratif. Comment alors imaginer qu'ils puissent tirer le moindre profit des stages destinés à les insérer dans la vie sociale et professionnelle ? Lorsque nous avons présenté en octobre 1993 les résultats de cette première enquête, la réaction immédiate des responsables fut d'en refuser les résultats en tentant de mettre en cause la représentativité de l'échantillon et la régularité des modes de passation. Tout fut bon pour contester ces chiffres, tous les moyens furent employés pour cacher l'ampleur d'un problème qui mettait douloureusement en cause l'efficacité des procédures de formation et d'insertion.

Bien entendu, les conclusions de cette première étude ne connurent aucune suite ; aucun approfondissement ne fut envisagé afin d'en préciser les résultats. Que plus du tiers des allocataires du RMI soient illettrés, quelle importance ? Que la lourde machine de l'insertion tourne en partie à vide, qu'importe pourvu qu'elle tourne ? Mais si l'on s'obstine à ne pas prendre en compte la dimension de l'illettrisme dans la gestion du RMI, il est à craindre qu'à court terme le I signifiant Insertion n'ait d'autre fonction que d'assurer à ce sigle une heureuse régularité phonique.

II

Lire, parler, écrire : un échec général

1. Comment lisent les illettrés ?

Les illettrés sont-ils des déchiffreurs attardés ?

La mesure de l'illettrisme au plan national, pour indispensable qu'elle soit, ne nous apprend que peu de choses sur la façon dont un illettré se comporte face à un texte. Se contente-t-il de produire des sons en prononçant syllabe après syllabe ? Fait-il semblant de lire ? Invente-t-il des histoires ? Bref, y a-t-il un ou plusieurs comportements caractéristiques de l'illettré confronté à un texte ou un document ?

Pour tenter de répondre à la question, nous allons observer ensemble de quelles façons lisent 1 000 jeunes gens illettrés [1] âgés de 18 à 21 ans, tous de nationalité française. Ces jeunes adultes, dont la très grande majorité avait quitté le système scolaire en classe de 3e, se sont vu proposer la lecture du fait divers suivant. Il comporte 124 mots.

En 1952, à Toulouse, un jeune étudiant en pharmacie,

---

1. Ces mille jeunes gens avaient tous subi préalablement un test ; ils appartenaient tous aux familles B, C et D (p. 19) . Ils avaient tous répondu volontairement à la proposition d'entretien.

fanatique de science-fiction, avait construit, pour s'amuser, une maquette de soucoupe volante à l'aide de deux poêles à frire et de pièces d'horlogerie. Il suspendit cet engin dans son jardin à l'aide d'un fil de Nylon et en fit une photographie.

Les photographies réalisées, il porta ses pellicules à un laboratoire de la ville. Le garçon de laboratoire, en développant les films, crut découvrir des documents sensationnels. Il fit des tirages pour lui-même et les envoya dans la nuit à divers journaux parisiens.

Le lendemain, les photographies étaient en bonne place dans les quotidiens du matin... Quelques jours plus tard, l'étudiant portait plainte et obtenait des dommages et intérêts.

Chaque jeune était reçu individuellement ; l'observateur leur présentait le texte en leur disant : « Vous allez lire ce texte pour vous pendant le temps que vous voulez ; ensuite, vous me raconterez ce qu'il dit. »

Nous pouvions craindre que la plupart de ces jeunes gens se contentent d'oraliser chaque syllabe sans même chercher à découvrir le sens caché derrière les mots. Nous pouvions d'autant plus le craindre que l'on fustige depuis longtemps tout recours à la lecture à voix haute, accusant cette pratique de tous les maux et notamment de celui de détourner l'apprenti lecteur de toute tentative de construire du sens. En fait, l'observation précise des 1 000 illettrés nous a montré que le comportement de déchiffrement péniblement oralisé n'est pas celui de la majorité des illettrés : 17 % seulement ont prononcé successivement les mots à plus ou moins haute voix ; les autres ont eu avec le texte une relation relativement silencieuse dont il s'agit de déterminer l'efficacité.

Ont-ils compris le sens du texte ?

La réponse à cette question n'est pas simple.

Un peu plus d'un quart des 1 000 illettrés (28 %) n'ont proposé aucun sens, prétendant le plus souvent : « Je ne me souviens plus, j'ai oublié. » Lorsqu'on les invitait à faire une deuxième lecture, ils déclinaient l'offre : « C'est pas la peine. » On peut donc considérer qu'un illettré sur quatre n'a pas la possibilité de tirer d'un texte court la moindre parcelle de sens.

Parmi ceux qui ont tenté de restituer le sens du texte, 18 % seulement proposent des versions globalement conformes au fait divers ; 21 % bâtissent des scénarios qui ne correspondent que très partiellement au texte ; enfin, 61 % racontent des histoires qui n'ont pratiquement rien à voir avec le contenu de l'article de journal.

Si une très grande majorité des illettrés (72 %) se lancent dans l'aventure de la construction du sens, un sur cinq seulement utilise efficacement les informations fournies par le texte pour formuler son histoire. La « lecture illettrée » se nourrit généralement des produits d'une cueillette partielle et largement aléatoire des indices proposés par le texte.

L'écrit : texte ou prétexte ?

Une question se pose : que reste-t-il du texte dans les scénarios proposés ? Ou mieux, est-ce que le texte fournit au moins une base cautionnant les histoires proposées ?

Sur les 124 mots que comporte le texte, on en retrouve en moyenne 6 : en d'autres termes, nos lecteurs ont pris en compte environ un mot du texte sur vingt. Ces mots sont situés dans leur très grande majorité au tout début du texte ; ceci peut s'expliquer soit parce que l'attention décline à mesure que l'on avance dans le texte, soit plutôt parce que le scénario s'échafaude à partir des premiers mots repérés et n'a plus besoin de s'alimenter — ou se garde bien d'être confronté — aux indices suivants. Pour la plupart, ces mots sont d'usage très fréquent, souvent présents dans l'environnement : « pharmacie » , « photographie » , « jardin » , « journaux » , « Nylon », « poêle à frire ». Le fait qu'ils n'ont pas une orthographe simple ne doit pas nous étonner ; il s'agit là de mots enregistrés globalement pour avoir souvent été rencontrés dans des contextes qui explicitaient leur sens : enseignes, étiquettes, publicité... Dans de telles situations, la complexité orthographique du mot, loin de constituer un obstacle à l'enregistrement global, le facilite et lui confère une relative stabilité.

On constate qu'une large majorité des jeunes adultes en difficulté de lecture possèdent une réserve restreinte de mots écrits qu'ils ont acquis de façon essentiellement *globale*. Lorsqu'ils se trouvent dans l'obligation de lire un texte, ils essaient d'y repérer quelques-uns des mots qu'ils connaissent ; sur cette base fragile et aléatoire, ils tissent les fils d'un récit que le texte aura bien du mal à reconnaître comme sien.

Le texte-thème : c'est l'histoire d'un...

On s'aperçoit, en analysant un nombre significatif d'histoires, que le texte sert essentiellement à identifier le thème : de quoi est-ce que cela parle ? et parfois à planter le décor : où cela se passe-t-il et quand ?

Cela peut être pour le moins dépouillé : « Oh, je ne m'en rappelle pas trop... c'est un jeune... j' m'en rappelle plus. »

Ou étrange : « C'est un gars qu'a pendu un Nylon... c'est un gars qu'est pendu à un Nylon. »

Parfois circonstancié : « Eh ben, c'est l'histoire d'un jeune, c'est en 1952, ça se passe à Toulouse, c'est un jeune qu'est dans une pharmacie. »

Même lorsque les histoires racontées constituent de véritables récits, le texte n'est sollicité que pour fournir avec plus ou moins d'exactitude le où les personnages, parfois le lieu, plus rarement le temps. Le reste, c'est-à-dire ce qui fait l'essence même d'un récit, ce qui fonde sa spécificité, ce qui justifie son existence en tant que tel, provient d'univers étrangers à celui du texte : dans le texte, on cherche principalement à dénicher les indices qui vont permettre de répondre à la question : de qui ou de quoi parle-t-on ? Ce que dit le texte à propos des personnages ou des objets a beaucoup moins d'importance. On comprend pourquoi, parmi les mots que les jeunes illettrés empruntent au texte, figurent essentiellement des noms à l'exclusion quasi totale des verbes et des adjectifs : souvenons-nous que ce sont les verbes et les adjectifs qui permettent de tenir des propos sur des personnages, des animaux ou des objets ; ainsi l'adjectif « charmante », dans la phrase « cette enfant est charmante », exprime un certain propos sur le personnage évoqué par le nom « enfant » ; de même le verbe « se désaltérer » dit quelque chose à propos d'un « agneau » dans la phrase « un agneau se désaltérait... ». Lorsque l'on se prive des informations fournies par les adjectifs et les verbes d'un texte, on se condamne à ne percevoir que le thème et quelques éléments de décor ; on destitue le texte de son pouvoir réel de construire précisément un sens.

Mais alors d'où vient le sens ?

Si le texte contribue peu à la construction du sens, on est en droit de se demander où peuvent bien se fomenter les représentations élaborées par les jeunes adultes illettrés ? À quelles sources s'alimentent ces évocations privées de réels ancrages textuels ?

Dans la série « arnaque et embrouille », voici deux

exemples d'histoires inspirées par l'expérience d'une vie quotidienne difficile :

> • C'est l'histoire d'un *jeune étudiant* qui voulait construire une maquette ; et puis il a pris des pièces de *poêles à frire*. Il a commencé à construire la maquette en délirant dessus. Puis il a essayé de la filer à des autres, et les autres ils l'ont arnaqué, quoi ; ils ont pris des *photos* et lui dans l'affaire il a rien gagné passqu'alors il s'est plaint envers le mec qui lui a passé la *pellicule* quoi et le mec lui a remboursé ce qu'il lui devait pour la pellicule.
>
> • Ben c'est un *toulousien*, il a construit une *soucoupe volante* avec des casseroles. Il a essayé de faire son business avec des *photographies*. Il photographie le truc pour faire croire aux citoyens de la ville que y avait une soucoupe volante qui avait atterri je sais pas où. À la fin ça s'est mal passé pour lui. Il s'est planté et il a eu des problèmes.

Dans la série « aventures », voici deux exemples de scénarios tout aussi éloignés du texte lu qui trouvent ailleurs leur inspiration.

> • Il parle sur une jeune fille. Elle est *étudiante*, elle est dans la science. Elle a inventé, elle a construit des choses avec des mesures. Puis y avait un autre garçon qui lui avait demandé de lui filer les *documents*. Après le garçon il lui fait des problèmes, il veut la tuer et c'est dans les *journaux*.
>
> • C'est un enfant, il s'introduit dans un *laboratoire*. Y a des dossiers. Il prend des *photos* et il

remet les dossiers en place. Puis il construit une *maquette* et il peut s'en aller avec et il revient plus. Et le lendemain c'est dans les *journaux*.

Ces quatre exemples reflètent bien les comportements majoritaires des jeunes gens en difficulté de lecture. Quelques mots pêchés dans le texte (en gras dans les extraits) servent de caution à la création d'une histoire qui n'apparaît pas comme une pure invention puisque certains éléments thématiques proviennent du texte. Ces mots empruntés au texte ne servent qu'à donner à l'histoire son impulsion première : « laboratoire » renvoie à l'univers de la science-fiction, « documents » déclenche la mise en scène d'un scénario d'espionnage... Le sens vient donc largement d'ailleurs : d'expériences de vie vécues ou entendues ou de stéréotypes fictionnels fortement installés par les séries télévisuelles.

L'illettrisme nous convie ainsi à l'auberge espagnole de la lecture : le texte y prête parfois une table et quelques chaises, parfois verres et assiettes ; mais boissons et nourritures fades et stéréotypées proviennent d'un ailleurs incertain où se mêlent, dans la même désespérante banalité, réalités quotidiennement côtoyées et fictions cent fois rabâchées.

À quoi doit-on attribuer l'échec de leur lecture ?

Le fait de ne prendre en compte qu'une partie seulement des indices proposés par le texte n'est pas en soi un comportement spécifique à l'illettrisme. Le lecteur expert — et je dirai même *surtout* le lecteur expert — construit souvent le sens d'un texte à partir d'un nombre limité d'informations précises choisies en fonction même d'une intention particulière qui guide et anime son acte de lecture. C'est là que réside toute la différence entre le lecteur accompli et les lecteurs incertains que nous avons observés. Les jeunes illettrés glanent leurs indices de façon aléatoire : ils identifient un mot ici, un mot là, non pour avancer de façon organisée et orientée dans la conquête du sens du texte, mais au contraire parce qu'ils subissent les contraintes imposées par l'insufffisance de leurs capacités d'identification. S'appuyer plutôt sur les mots apparaissant au début du texte n'est pas un choix stratégique, c'est un aveu d'impuissance ; ne retenir que les mots les plus fréquents ne garantit évidemment pas qu'ils sont les plus importants pour comprendre le texte ; négliger complètement les mots grammaticaux (prépositions, conjonctions...), c'est méconnaître le rôle fondamental qu'ils jouent dans la construction du sens.

Il est intéressant de constater que les jeunes gens qui n'ont pu restituer le sens du texte (61 %) éprouvent tous des difficultés à identifier des mots d'usage courant. La recherche qui a été menée [2] montre qu'il y a une relation significative entre la difficulté à comprendre le sens d'un texte et la capacité de décoder les mots qui le composent ; en d'autres termes, ce n'est pas une coupable tendance au déchiffrement qui fait obstacle à la découverte du sens du texte ; c'est au contraire l'incapacité à identifier correctement les mots qui paraît entraîner *une construction défective du sens*.

Il est aussi significatif d'observer que les jeunes illettrés n'ont à peu près aucune idée du rôle joué par les indicateurs grammaticaux que sont les « petits mots » comme « sur », « à », « de », « mais », « alors »... Cette ignorance de l'information grammaticale constitue un facteur d'échec très important : il faut en effet bien considérer que les indicateurs grammaticaux que sont les prépositions (pour, avec...), les conjonctions de coordination (mais, donc...), les conjonctions de subordination (parce que,

2. Voir à ce propos la thèse de Jean-Philippe Rivière : *Repérage de l'illettrisme*, sous la direction d'Alain Bentolila, Paris, Sorbonne, 1995.

pour que...) ou enfin la place relative des mots dans la phrase constituent les instruments privilégiés qu'utilise celui qui écrit pour guider la démarche de compréhension de celui qui le lira. Ainsi, « le livre est *sous* la table » et « le livre est *sur* la table » ne conduisent pas au même sens ; de même, « je suis venu *parce que* tu n'étais pas là » et « je suis venu *mais* tu n'étais pas là » ne signifient pas tout à fait la même chose ; enfin « l'*enfant* dévora l'énorme *gâteau* » et « l'énorme *gâteau* dévora l'*enfant* » renvoient chacune à des représentations bien différentes même si l'une des propositions est particulièrement inattendue.

Par-delà les difficultés techniques que nous avons identifiées, l'observation du comportement de lecture de ces mille jeunes gens illettrés nous a convaincus qu'au coeur même de la relation qu'ils entretenaient avec l'écrit régnait un *malentendu* fondamental : pour eux le texte ne représente pas le lieu essentiel où l'on puise les informations qui vont façonner la construction du sens. S'ils ne vont pas chercher dans ce texte les indices nécessaires à sa compréhension, c'est non seulement parce que leur font défaut les moyens de les identifier, mais c'est aussi — je dirais même c'est surtout — parce qu'ils ne manifestent pas dans leur rapport à ce texte le respect, la considération que l'on doit à celui qui a pris la peine de l'écrire. C'est en quelque sorte la méconnaissance des droits mais surtout des *devoirs* de celui qui lit envers celui qui écrit qui peut expliquer approximation, dérive et souvent renoncement. Ces jeunes illettrés n'ont jamais pris conscience — parce que personne ne s'est soucié de provoquer cette prise de conscience — que la lecture d'un texte est un temps de négociation : entre le respect que l'on doit aux directives lexicales et syntaxiques imposées par l'auteur et la revendication légitime d'une certaine liberté d'interprétation personnelle, il s'agit de définir un équilibre qui évite autant la trahison désinvolte que la soumission passive. La « lecture illettrée » se trouve ainsi au confluent de deux forces négatives qui alimentent son insécurité. D'une part, une notable faiblesse des instruments d'identification indispensables pour découvrir le sens spécifique du texte ; d'autre part, une conscience plus qu'incertaine des enjeux attachés à l'acte de lecture : conquête respectueuse du territoire d'un autre que l'on investit tout en reconnaissant les lois qui le régissent, les structures qui l'organisent.

2. L'INSÉCURITÉ DE PAROLE FAIT-ELLE LE LIT DE L'ILLETTRISME ?

La langue est un tout ; que sa forme soit orale ou écrite, il s'agit d'un seul et même instrument de communication. Le code écrit intervient certes dans des situations particulières souvent distinctes de celles qui président à l'usage de l'oral ; cette relative spécificité d'utilisation engendre effectivement de sensibles différences qui se manifestent aux plans lexical, syntaxique ou morphologique ; mais fondamentalement les règles qui régissent l'oral et l'écrit sont identiques : l'écrit comme l'oral sont doublement articulés l'un en lettres et en mots, l'autre en sons et en unités de sens. L'écrit comme l'oral utilisent des signes arbitraires associant chacun une forme et un sens que rien ne prédispose à aller ensemble. L'écrit comme l'oral permettent d'évoquer peu ou prou les mêmes actions, les mêmes qualités, les mêmes substances. L'écrit comme l'oral mettent en œuvre les mêmes procédés syntaxiques qui assurent aux phrases et aux textes leur cohérence. Enfin, la langue écrite comme la langue orale ont comme fonction de tenir des propos sur le monde et de transmettre à d'autres ces propos en veillant à ce qu'ils puissent être compris.

Ceux qui ont voulu, parfois avec autorité et véhémence, séparer les deux codes et dissocier les parcours d'apprentissage qui y conduisent respectivement se sont laissé éblouir et berner par les différences que reflète la surface des discours et des textes. Ils n'ont pris ni le temps ni la peine d'interroger la langue dans ses fondements afin de découvrir la cohérence et la régularité de son fonctionnement ainsi que les grands universaux qui régissent sa forme écrite comme sa forme orale. Si l'on veut bien admettre qu'il n'existe pas de différences essentielles entre les structures de la langue orale et celles de la langue écrite, on refuse du même coup qu'une cloison étanche sépare leurs parcours d'apprentissage respectifs. L'illettrisme ne se limite pas (malheureusement !) à une relation difficile et ambiguë avec le texte écrit, il est la manifestation d'un malaise global avec la Langue ; les difficultés de lecture trouvent dans l'oral sinon leur source, du moins leur écho.

Difficultés de parole et difficultés de lecture vont-elles de pair ?

Chaque fois que la discussion s'ouvre sur cette question, surgissent un certain nombre d'exemples qui sont censés prouver la complète autonomie de l'écrit par rapport à l'oral.

> • Tel paysan de Haute-Provence, totalement analphabète, s'avère être un merveilleux conteur ; la richesse de son vocabulaire, la maîtrise du discours narratif sont tout à fait remarquables. (*Midi libre*, 10/06/1984.)
>
> • Tel habitant d'un village de Savoie, ne sachant ni lire ni écrire, exerce la difficile fonction de « modérateur » : c'est à lui que revient la tâche de clarifier les conflits et les litiges ; il l'exerce avec un formidable talent d'analyse et d'argumentation. (*Dauphiné libéré*, 23/03/1991.)

Ces deux exemples mettent en scène des individus âgés qui n'ont jamais appris à lire et à écrire, non pas pour avoir connu des difficultés d'apprentissage, mais tout simplement parce qu'ils n'ont jamais eu la chance d'apprendre. Ils ont par ailleurs développé une compétence linguistique au plan de l'oral tout à fait satisfaisante qui leur a permis de s'insérer parfaitement dans leur communauté. Ces cas, de plus en plus rares, ne relèvent pas de l'illettrisme ; ce sont les derniers vestiges d'une civilisation où l'on pouvait vivre son oralité sans être pour autant marginalisé. Pour l'immense majorité des jeunes adultes en situation d'illettrisme, l'insécurité en matière de lecture correspond à une insécurité tout aussi importante dans l'utilisation du langage oral. Pour le démontrer, nous avons proposé à 100 jeunes de 16 à 18 ans, élèves de LEP, l'expérience suivante.

Dans un premier temps, chacun d'entre eux a été mis en relation avec un adulte qu'il ne connaissait pas. La règle du jeu était que le jeune devait prendre l'initiative de la conversation et raconter à l'adulte non connu de lui un événement de son choix. Nous avons systématiquement enregistré les discours des 100 jeunes gens ; nous les avons soigneusement analysés en mesurant la capacité de chacun à mobiliser les moyens linguistiques propres à se faire comprendre d'un inconnu : celui-ci ne partageant pas l'expérience du jeune, lui imposait en principe de développer un discours particulièrement explicite.

Dans un second temps, nous avons soumis ces 100 jeunes gens à un test de lecture. Trois types d'écrits leur ont été proposés : un texte narratif, un texte explicatif et un document dans lequel ils devaient sélectionner certaines informations. Nous avons mesuré, pour chaque jeune, sa capacité à comprendre de façon satisfaisante chacun des textes ; nous avons ensuite déterminé leur degré de polyvalence, c'est-à-dire leur capacité à bien comprendre au moins deux textes sur les trois proposés.

Ensuite, comme l'on pourrait le deviner, nous avons comparé les performances réalisées à l'oral avec celles manifestées en lecture des textes. Le résultat est sans ambiguïté : les jeunes gens qui avaient réussi à lire de façon satisfaisante au moins deux textes avaient, pour *68 %* d'entre eux, su adapter leur discours oral à la situation imposée ; les jeunes gens qui avaient échoué dans la lecture d'au moins deux textes avaient, pour *85 %* d'entre eux, démontré une incapacité à mobiliser les moyens linguistiques nécessaires pour se faire comprendre sans ambiguïté d'un auditeur qui ne les connaissait pas.

La correspondance entre les performances réalisées en lecture et celles réalisées à l'oral est nette, d'autant plus significative que les performances en lecture sont faibles : à l'insécurité et à la rigidité de l'acte de lecture correspondent rigidité et insécurité dans le maniement de la langue orale ; *les deux handicaps sont solidaires* l'un de l'autre et se renforcent mutuellement. Rien d'étonnant à cela : il existe une interrelation nécessaire entre l'apprentissage du code oral et celui du code écrit. Lecture et écriture s'appuient sur un usage satisfaisant du langage oral et contribuent en retour à en mieux révéler les composantes et les mécanismes. En d'autres termes, mieux l'on parle une langue, plus efficace est l'acquisition de son code écrit ; et plus efficace est cette acquisition, mieux le discours oral s'en trouve maîtrisé.

La capacité d'identifier les mots écrits illustre bien cette solidarité. On conviendra que c'est là une capacité indispensable à tout lecteur. Pour parvenir à décoder un mot, un jeune enfant (comme un adulte analphabète) devra associer la combinaison des lettres qui composent l'écriture de ce mot à sa forme orale. C'est ainsi qu'il en connaîtra le sens. Comment imaginer qu'il puisse explorer l'univers inconnu des mots écrits sans s'appuyer sur leur *articulation orale* qu'il a découverte en apprenant à parler ? Au-delà de l'identification des mots, comment soutenir qu'un apprenti-lecteur puisse comprendre phrases et textes sans se référer à la conscience implicite de l'organisation grammaticale que l'apprentissage et l'utilisation de la langue orale lui ont progressivement révélée ?

De quelle nature sont les difficultés de parole des illettrés ?

Revenons un instant sur l'expérience des « 1 000 de Vincennes ». Un matin, entre dans la salle où nous procédions aux observations un jeune homme que les tests préalables avaient révélé en difficultés sérieuses de lecture.

Il s'adresse à nous en disant : « Messieurs, quelle HORREUR d'être là avec vous ! »

Le premier étonnement passé, nous lui disons gentiment : « Vous voulez sans doute dire quel HONNEUR, n'est-ce pas ?»

Sa réponse fut alors : « Quel HONNEUR, quelle HORREUR, c'est la même chose. »

Voilà un exemple lourd de signification. Le jeune homme n'a pas simplement fait une faute de prononciation en « trébuchant » sur la deuxième syllabe du mot et en confondant *n* et *r*. Ce qui est significatif, c'est qu'il n'avait, semble-t-il, pas conscience du fait qu'en substituant le son *r* au son *n*, il nous envoyait une information dont le sens était le contraire même de ce qu'il voulait dire. Lorsqu'il affirmait : « " Horreur ", " honneur ", c'est la même chose », il n'exprimait pas le fait que ces deux mots avaient le même sens ; il voulait tout simplement dire que la distinction phonique entre ces deux mots n'avait que peu d'importance et que l'on se comprenait aussi bien sans. Ce désintérêt, cette sorte de désinvolture pour la forme du message linguistique manifeste une étrange conception de la communication : on se comprend, en deçà ou au-delà des indices que fournit le message ; la compréhension n'est pas modelée par ces indices ;

la compréhension va d'elle-même, va pratiquement sans dire.

Cette tendance à tenir le message aux marges de l'acte de communication apparaît de façon très claire dans les discours tenus par une majorité des cent jeunes de LEP dont on observait la capacité de s'adresser à un inconnu (p. 36). Voici un exemple choisi entre des dizaines du même type :

> « Tu sais, l'autre jour, *le mec là*, il me dit que *les autres là-bas*, ils disent que c'est moi qui a piqué le truc parce qu'il est plus *là-bas* et alors qu'*il(s)* me cherche(nt). »

Renseignements pris, il s'agissait en fait d'un des enseignants venu avertir le jeune homme que les membres de l'équipe de basket l'accusaient d'avoir volé le ballon qu'ils avaient laissé sur le terrain.

N'oublions pas que le jeune homme s'adressait à un adulte qu'il n'avait jamais vu. Lorsque l'adulte pose à ce jeune homme quelques questions telles que « mais c'est qui le mec ? », « c'est quoi le truc ? », « c'est où là-bas ? »... il lui est répondu avec une pointe d'irritation : « Mais c'est ce mec-là ! Tu vois bien. »

Il y avait chez ce jeune homme un étonnement incrédule devant le fait que l'adulte ne savait pas ce qu'il savait, n'avait pas assisté à ce qu'il avait vécu ; il ne comprenait pas pourquoi son auditeur ne parvenait pas à distinguer le film qui défilait dans sa tête ; il suffit pourtant de *regarder* ! Lorsque l'on analyse le message délivré par ce jeune homme, on constate que sont fortement utilisées les marques de désignation : le mec-*là*, les autres *là-bas*, comme s'il s'agissait de commenter une scène qui se déroulait sous les yeux de l'interlocuteur, comme s'il suffisait d'orienter le regard de l'autre vers un événement présent et visible dans la situation de communication. Pour le jeune illettré, le message est en quelque sorte un *geste verbal* ; un geste qui indique à l'autre vers quel élément de la scène il convient de tourner son regard. C'est bien en effet le regard de l'autre qui se trouve ainsi sollicité afin que, comme par magie, il prenne connaissance de l'image mentale présente dans la tête de celui qui parle.

Le lancement du « message illettré » fait automatiquement entrer celui à qui on l'adresse dans un *monde virtuel* où l'on est supposé partager d'emblée expériences, sentiments, opinions ; un monde virtuel dans lequel le message ne fait que confirmer ce que l'on sait déjà, ne fait que souligner tel aspect ou tel autre d'une expérience prétendument partagée. Considéré comme fondamentalement redondant, destitué de la fonction de communication, voué essentiellement à l'appel, à l'implication de l'autre et non à son information, le « message illettré » mobilise peu de moyens, charrie peu d'information, propose peu d'indices : il refuse et nie la distance, il suppose comme matrice nécessaire de l'acte de parole la connivence, la proximité, la familiarité. Ce jeune homme comme nombre d'illettrés a découvert les règles de la communication orale dans un cercle à la fois étroit, silencieux et indifférent : l'Autre savait d'avance ce qu'on allait lui dire ou bien manifestait une telle indifférence que le « dire » même perdait tout intérêt, était dépourvu de tout enjeu.

Y a-t-il dans les premiers apprentissages du langage des « promesses » d'illettrisme ?

Le tout jeune enfant effectue ses premières tentatives linguistiques dans le but de satisfaire ses nécessités vitales ; en d'autres termes, il parle pour survivre. Dans cette perspective, l'enfant manifeste deux intentions complémentaires : la première est celle de l'*exigence*, de la demande (je veux, j'ai besoin, j'exige) ; la seconde est la *désignation* et l'identification (je montre, je désigne), souvent d'ailleurs pour faire la preuve qu'il sait dire, qu'il sait nommer.

Ces deux fonctions premières que l'enfant assigne à son propre langage en gestation ont une caractéristique commune importante au plan linguistique : ni l'une ni l'autre ne nécessite un message composé de plus d'une unité linguistique. En effet, lorsque l'on se contente de demander ou d'identifier tel objet ou tel personnage qui est présent dans la situation de communication, inutile que le message comporte plus d'un mot. Ainsi, un bébé, à partir de neuf mois et demi environ, dira par exemple « bibion » (pour biberon) ou « poupou » (poupée) pour exprimer, soit une exigence, soit la reconnaissance de cet objet et faire ainsi la preuve qu'il peut nommer certains éléments du monde. Se définit donc une première phase : celle où l'enfant va dire de quoi ou de qui il parle. Que ce soit pour exiger ou pour désigner, la seule volonté manifestée est de *faire reconnaître ce dont il parle.* Il parle d'un biberon pour le demander, il parle d'une poupée pour la désigner.

Dans un deuxième temps, l'enfant va changer le sens de sa relation à l'Autre ; il va passer avec l'Autre un autre type de contrat linguistique ; que va-t-il proposer ? Dans la première phase que nous avons évoquée (celle du « ce dont on parle »), il disait à son auditeur : « *Écoute ! je t'envoie un bruit spécifique, attribue à ce bruit un sens spécifique.* » L'enjeu du message était donc l'identification du signe linguistique, réunissant arbitrairement un signifiant et un signifié. Lors de cette deuxième phase, l'enfant va manifester une tout autre intention : « *Attention ! Nous changeons les termes de notre contrat. Maintenant, je t'envoie deux unités significatives. Tu dois d'abord identifier l'un et l'autre de ces deux mots, en reconnaître le sens, mais surtout, tu dois* construire : *c'est-à-dire que tu dois mettre ensemble ces deux mots afin d'obtenir une signification, qui n'est pas le résultat de leur simple juxtaposition. Tu vas donc avoir à effectuer une* opération de transformation : *tu vas transformer deux unités successives en une expérience globale.* » En exigeant de son auditeur qu'il effectue cette transformation, l'enfant pose et se pose la question essentielle de la communication linguistique : comment construire du global à partir de mots qui arrivent nécessairement les uns après les autres ?

Examinons l'exemple suivant : « poupou bibion ». Ce message est constitué de deux mots soigneusement enveloppés dans une intonation qui manifeste la nécessité de leur mise en relation. Cette enveloppe intonationnelle exprime et signale le changement des règles du jeu linguistique : elle impose une construction là où auparavant on ne demandait qu'identification ponctuelle et successive. C'est à ce moment-là que *l'enfant entre en langue* ; c'est à ce moment-là que l'enfant découvre ce qu'est la communication linguistique. Désormais il dit non seulement ce dont il parle, mais il indique aussi et surtout *ce qu'il veut en dire* : il parle de la poupée et il dit qu'il veut lui donner son biberon. Cette volonté clairement manifestée d'associer ce dont il parle à ce qu'il veut en dire, installe au cœur de son langage *le couple thème et propos*. Thème et propos, dans leur fusion, constituent le fondement essentiel de la communication humaine : parler, ça n'est pas seulement exiger, ça n'est pas simplement constater ; parler, c'est tenir un propos sur des objets, des personnages... La parole, la langue humaine, est faite pour « dire des choses sur », pour l'*exégèse* et non pas pour les seuls constat et désignation. On mesure l'audace de l'avancée effectuée par le jeune enfant. On comprend aussi pourquoi il faut qu'elle soit reconnue et couronnée de succès. Il faut que cette bouteille jetée à la mer soit recueillie par quelqu'un. Il faut que l'hypothèse que l'enfant a osé formuler — parler c'est « tenir des propos sur » — soit confirmée par la compréhension de l'Autre. Si elle ne l'était pas, le risque serait que l'enfant en reste au langage de la désignation et du constat. Or les premiers messages élaborés par le jeune enfant comportent peu d'indices. Leurs destinataires ont à élaborer une représentation globale sur une base bien fragile. L'enfant demande que l'on comprenne ce qu'il dit du monde sans être encore capable de fournir à l'autre les moyens linguistiques nécessaires. Pour que ces premières tentatives réussissent, il faut que l'enfant ait affaire à des auditeurs-médiateurs bienveillants, attentifs, prêts à obéir à sa demande. En montrant qu'ils ont compris les propos tenus par l'enfant, ils lui signalent qu'il est sur la bonne voie, que le langage est bien fait pour parler du monde et non pas seulement pour en nommer les composantes visibles. L'enfant ne peut donc effectuer ses premières armes linguistiques que dans *un contexte de très grande connivence*, d'extrême proximité ; un contexte dans lequel *le message manifeste et confirme le partage d'une expérience plus qu'il ne fournit les moyens de découverte et de construction.*

Progressivement les auditeurs de cet enfant vont se multiplier, il va devoir communiquer des réalités moins immédiates, moins partagées d'avance. En d'autres termes, alors que dans un premier temps il s'adressait à des gens qui le connaissaient parfaitement, et qu'il connaissait parfaitement, pour leur dire des choses auxquelles ceux-ci s'attendaient, il devra petit à petit s'adresser à des gens qu'il connaît beaucoup moins et leur parler de choses auxquelles ils s'attendent beaucoup moins. C'est une longue marche sémiologique que va effectuer l'enfant, ponctuée de difficultés, parfois d'angoisses, en tout cas de questionnement. Tout au long de cette quête au cours de laquelle il va constamment voir s'élargir le cercle de ses auditeurs et le cercle des choses à dire, il posera régulièrement cette question : « *Comment fait-on pour transmettre du sens ? Comment fait-on pour mettre en mots ?* » Cette question, l'enfant la profère le plus souvent indirectement par le biais même de ses tentatives langagières ; des réponses qui seront apportées va dépendre véritablement son destin linguistique et pour une bonne part son destin scolaire et social. Combien sont-ils, ceux qui auront la chance de trouver sur ce chemin de la découverte de la langue ces médiateurs à la fois *exigeants* et *bienveillants* qui sauront analyser l'échec identifié pour le transformer en conquêtes nouvelles ? Combien sont-ils, au contraire, ceux dont les essais langagiers — par lesquels ils expriment hypothèses et questions sur la langue — ne rencontrent que le silence et l'indifférence ?

À la base de l'illettrisme, y a-t-il un malentendu fondamental avec la langue ?

Pour la plupart des jeunes illettrés, nous avons mis en évidence que ce n'est pas le sens de la lecture qui leur fait défaut : face à un texte, ils ont su « dénicher » les quelques mots qu'ils étaient capables d'identifier ; et sur cette base, certes fragile, ils ont construit avec plus ou moins d'inspiration leur propre scénario. Le fait que la lecture doit produire du sens, beaucoup ne l'ignorent pas ; mais ce qui leur fait cruellement défaut, ce sont la volonté et les moyens d'identifier les indices qui ancrent la construction du sens *dans* le texte. *Le texte est considéré comme un « prétexte à dire»*, comme la caution de leur scénario et non comme la source essentielle d'informations dont il convient de respecter l'organisation. Nous avons montré d'autre part que la majorité des jeunes adultes illettrés ont, *dans leur communication orale, un comportement de même nature que celui qu'ils développent face au texte* écrit. Si le « cela va sans dire » constitue la règle de l'échange langagier, le « cela va sans lire » régit le plus souvent aussi la relation au texte. L'individu, persuadé que l'acte de communication orale ne sert qu'à évoquer une expérience par avance connue, sera absolument incapable d'affronter en solitaire la part d'inconnu que contient le texte écrit et d'accepter la distance qu'il impose. De même qu'en matière de communication orale, l'à-peu-près ne permet pas d'échapper au cercle étroit de la connivence et de la familiarité, de même en situation de lecture, l'incapacité d'affronter la décontextualisation conduit immanquablement à l'échec ceux qui abordent l'écrit sans la volonté et les moyens d'en conquérir les clés.

Le délabrement de la médiation familiale, que ne peuvent ou ne savent compenser les institutions éducatives et culturelles, a pour conséquence que bien des jeunes adultes se trouvent en situation d'extrême insécurité linguistique tant à l'oral qu'à l'écrit. Ils ont été des *enfants mal entendus* parce que leurs questions, tout au long de leur apprentissage de la langue, sont souvent restées sans réponse ; ils sont aussi les *enfants du malentendu*, c'est-à-dire des enfants qui ont abouti à un malentendu linguistique fondamental. Enfants mal entendus parce que peu entendus par leurs parents et par leurs proches ; enfants du malentendu parce que confortés dans l'idée que, finalement, la compréhension va de soi, va sans dire et sans lire pour peu qu'on la cantonne dans un espace restreint.

Il peut paraître paradoxal de soutenir que la médiation familiale se dégrade alors que le niveau d'éducation de la population a généralement augmenté de manière significative. Sans tomber dans une « sociologie de salon », quelques observations de bons sens permettent d'expliquer la solitude relative dans laquelle se déroule l'apprentissage linguistique de certains enfants. En tout premier lieu, je citerai la disparition des grands-parents du cercle familial permanent ; cette rupture — que l'on peut ou non regretter — constitue certainement un élément négatif pour l'apprentissage de la langue orale puis écrite : l'écoute attentive que la grand-mère et le grand-père accordaient au jeune enfant, la parole qu'ils lui adressaient avec moins de hâte, plus de sérénité font aujourd'hui cruellement défaut. Les mères de famille pour leur part occupent souvent des emplois très absorbants. Il s'agit là, sans nul doute, d'un progrès social important. Cependant, qui est venu remplacer la médiation attentive de la maman lors de l'apprentissage de la langue ? Ni le père souvent moins disponible encore, ni la télévision qui n'a aucun effet médiationnel. Les parents — ou le parent dans le cas de famille monoparentale — ont une conscience souvent douloureuse de la difficulté qu'ils ont d'accorder à leur enfant l'attention bienveillante et exigeante dont il a un besoin essentiel ; souvent, ils peuvent en concevoir une sorte de culpabilité, une anxiété diffuse pour l'avenir de leur petit un peu trop négligé. Parfois ces sentiments entraînent une bizarre impression d'urgence qui les amène à demander voire à exiger que l'on fasse gagner du temps à l'enfant en lui apprenant à lire plus tôt ou en anticipant son passage au cours préparatoire. Parfois cette même angoisse teintée de culpabilité va les livrer pieds et poings liés à des charlatans avisés qui vont leur promettre la recette miracle pour apprendre à lire au berceau, pour devenir à coup sûr un surdoué promis à Polytechnique. Le métier de parent est aujourd'hui le plus difficile des métiers ; il exige que l'on s'oublie soi-même, que l'on fasse taire ses propres frustrations et ses propres chagrins, que l'on relativise ses propres ambitions pour offrir à son enfant, au moyen de cette langue qu'on lui fait patiemment découvrir dans ses fonctions et dans son organisation, une relation au monde acceptable, c'est-à-dire digne d'être tentée [3]. Plus j'avance dans ma réflexion, plus je pense que c'est vraisemblablement la maîtrise de la Langue qui conditionne un destin scolaire et un destin social. Sans réelle maîtrise de langue, il n'y a pas d'entrée possible dans le monde de l'écrit, sans réelle maîtrise de la

3. Malheureusement, on comprend souvent tout cela quand nos enfants n'ont plus besoin de médiation.

langue, il n'y a pas de chances réelles d'intégration sociale. De ce point de vue, l'illettrisme ne fait que révéler un handicap linguistique global qu'il manifeste et expose à la sanction sociale.

Quand et comment éviter qu'un enfant s'engage dans le couloir de l'illettrisme ?

Le degré de maîtrise de la langue auquel parvient un individu est directement fonction de la qualité de la médiation dont il a bénéficié dès l'enfance. C'est à travers ces moments privilégiés où on l'aide à dévoiler la langue dans toutes ses dimensions que l'enfant comprend ce que parler veut dire, découvre ce que c'est que lire, saisit les finalités sociales et individuelles de l'écriture.

En la matière, l'école de la République doit jouer pleinement son rôle. Avant cela, il s'agit d'explorer, complémentairement à l'école, quelques pistes, quelques activités, quelques comportements qui feront prendre conscience des *droits* et des *devoirs* de celui qui utilise la langue orale ou écrite. Il est souvent arrivé que des parents de jeunes enfants ou d'adolescents me posent la question suivante : « Lorsque mon fils (ou ma fille) me raconte quelque chose que je comprends mal ou pas du tout, faut-il que je lui dise que je ne comprends pas ? Est-ce qu'alors je ne risque pas de le bloquer, de lui faire perdre confiance dans ses capacités de parole ? »

Il ne faut jamais faire semblant de comprendre ; c'est le plus mauvais service que l'on peut rendre à un apprenti-parleur (cesse-t-on d'ailleurs un jour d'être en apprentissage du langage ? Y a-t-il un âge où l'on a vraiment fini de découvrir la langue ?). Faire semblant de comprendre lorsque l'on ne comprend pas ou lorsque l'on comprend mal, c'est manifester à l'enfant de l'indifférence, le laisser seul face à ses questions et ses doutes, risquer que peu à peu il noue avec le langage des relations ambiguës ou erronées.

• Tiphaine (6 ans, 3 mois) rentre à la maison et veut raconter à sa mère une histoire que sa maîtresse a lue en classe :

> « Bon ! alors c'est un roi ; et il y a un chevalier qui vient lui dire : “ C'est pas moi qui l'a enlevé(e) c'est l'autre et ils l'ont enfermé(e) dans une caverne. ” Alors, ils partent, ils la délivrent et puis ils les tuent tous. »

Faut-il lui dire : « Oh ! elle est très belle ton histoire, merci ma chérie » et passer à autre chose ? Ou bien faut-il se saisir de l'occasion pour tenter de provoquer une prise de conscience même fugitive mais si importante pour que progresse la découverte du fonctionnement du langage ? L'intervention que nous préconisons s'articule en quatre phrases successives ; nous l'appellerons la règle des quatre C : Constat d'échec, Causes de l'échec, Conditions de réussite, Constat de réussite.

Premier temps : *constat d'échec* de la communication. « Je n'ai pas compris ! ou du moins je n'ai pas tout compris. » Avec toute la bienveillance et la douceur nécessaires, il faut dénoncer l'obscurité du discours, montrer qu'il n'a pas atteint son but : celui de faire partager à l'autre une expérience qu'il ne possédait pas.

Deuxième temps : s'appuyant sur le constat d'échec, on va s'attacher à en identifier les *causes* en interrogeant de façon précise le message lui-même : quels éléments dans le message sont responsables de l'ambiguïté, voire de la non-compréhension ?

M. — Quand le chevalier dit au roi « c'est pas moi qui l'a enlevé(e) », il parle de qui ?
T. — Mais de la princesse, sa fille !
M. — Comment pouvais-je le deviner ? Et quand tu me dis : « ils l'ont enfermé(e) dans une caverne », c'est qui « ils » ?
T. — Ben, c'est le dragon et les mauvais lutins !
M. — Et comment aurais-je pu le savoir ?

Ce deuxième temps est essentiel ; d'abord, il souligne les manques avec précision ; ensuite, il permet à Tiphaine de prendre conscience que sa mère, aussi proche d'elle qu'elle puisse être, ne partage pas toutes ses expériences, ne sait pas tout ce qu'elle sait, se situe sur un territoire d'information différent du sien.

Troisième temps : créer les *conditions de la réussite* ; il faut reprendre le message dont on a identifié les lacunes et le transformer. Ayant compris qu'elle doit à sa mère un certain nombre d'informations, Tiphaine va être amenée à changer certains éléments de son histoire.

> « C'est pas moi qui a enlevé la *princesse votre fille*, c'est le *dragon* ; avec les *mauvais lutins* ils l'ont enfermée... Alors *le roi et le chevalier* ils la délivrent. »

Quatrième temps : dresser un *constat de réussite* ; c'est-à-dire utiliser le message transformé à destination d'un auditeur candide qui va, par sa compréhension de l'histoire, attester que les modifications effectuées ont été efficaces. S'il n'y avait pas constat de réussite, Tiphaine risquerait de penser qu'elle s'est donné bien du mal uniquement pour faire plaisir à sa mère. Lorsque son père arrive, elle lui raconte la version « travaillée » de l'histoire ; il comprend du premier coup ! et Tiphaine, elle, commence ainsi à comprendre qu'un message linguistique est une sorte de pont que l'on construit pour franchir la distance qui nous sépare de l'Autre ; on doit donc apporter à son édification tous ses soins si l'on veut pénétrer sur le territoire de l'Autre et l'inviter à venir sur le sien.

Un dernier mot sur le cas de Tiphaine. Le lecteur averti n'a pas manqué de déceler une faute de conjugaison (« c'est pas moi qui l'a enlevé »), faute non soumise à la correction. La correction de cette faute relève d'une démarche de nature complètement différente de celle qui a été engagée par ailleurs ; cette erreur d'accord du verbe avec la première personne ne mettait pas en péril la compréhension de l'histoire ; il faudra certes la corriger, mais à une autre occasion et d'une tout autre façon. Il est important de ne pas mélanger dans une même démarche des intentions de médiation de nature différente. L'essentiel est d'abord de faire prendre conscience des règles qui régissent l'acte même de communication dont la première est la prise en compte des besoins et des attentes de l'autre. On peut contribuer très tôt à cette prise de conscience de façon le plus souvent informelle, en dosant ses interventions avec modération afin de ne pas donner à penser que la construction du message linguistique est hors d'atteinte parce que toujours à remettre en cause. Il faut cependant savoir choisir ou créer quelques occasions privilégiées où seront menées jusqu'à leur terme l'analyse et la modification d'un message insuffisamment élaboré.

Faut-il que les enfants apprennent à lire le plus tôt possible ?

Suivant la tendance de certains parents inquiets, doit-on penser que pour écarter le danger d'illettrisme, il convient de commencer au plus tôt l'apprentissage de la lecture ? En d'autres termes, la précocité de l'apprentissage et l'efficacité de lecture seraient-elles corrélées de façon significative ?

Aucune recherche sérieuse n'a pu établir une relation entre l'âge du début de l'apprentissage et les performances en lecture du jeune adulte. Dès l'âge de trois ans et certainement avant, l'enfant a, sans nul doute, les capacités cognitives pour apprendre à lire. La question qui se pose n'est donc pas : « Peut-il le faire ? » mais « Est-il utile et judicieux de le faire ? ».

Dans la foulée de Glen Doman [4], bien des vendeurs d'illusions se sont employés à faire croire aux parents qu'en confrontant le plus tôt possible un enfant à la lecture, on allait d'autant développer son intelligence et — qui sait ? — révéler son appartenance au cercle mystérieux et envié des « surdoués ». Cette supercherie, superbement mise en scène par la Méthode Arthur [5], que les médias dans leur ensemble ont honteusement contribué à promouvoir, a cependant trouvé un véritable écho chez certains parents.

Dans l'enquête CSA (1994) à laquelle j'avais collaboré, un échantillon représentatif de parents devait répondre à la question suivante : « Selon vous, à quel âge devrait-on apprendre à lire à un enfant ? » Pour 75 % d'entre eux l'apprentissage de la lecture serait souhaitable avant l'âge de cinq ans ; 20 % situaient l'âge idéal entre deux et trois ans. De telles réponses révèlent une considérable anxiété des parents au sujet de l'avenir scolaire et professionnel de leurs enfants. Une mère observait lors des entretiens : « Si ma fille doit redoubler une ou deux classes, eh bien ! elle aura pris de l'avance et comme cela, elle n'aura pas de retard. » Ce propos trouvait son prolongement dans l'opinion d'un jeune père : « Si on commence très tôt à

4. *Apprenez à lire à votre bébé,* Plon, 1964, Paris.
5. *Méthode Arthur,* Laffont, 1993, Paris.

apprendre à lire à un enfant, on s'aperçoit vite s'il a des difficultés graves et on peut les traiter dès le début. » Même opinion chez la mère d'un bébé : « Ma fille a 26 mois ; je crois que je vais me mettre à lui apprendre à lire ; ça lui fera gagner du temps ; comme ça elle aura son bac plus jeune et ça c'est un avantage. » L'échec fait peur, le handicap terrorise, et la précocité de l'apprentissage représente, pour certains parents, à la fois une forme de prévention et un atout dans la compétition scolaire et sociale.

Ce que les parents — dont on comprend bien l'anxiété — doivent savoir, c'est que l'enjeu n'est pas d'apprendre à lire tôt, mais d'apprendre à *lire bien* : c'est-à-dire en comprenant à la fois à quoi sert ce code écrit et comment il fonctionne. Nous avons insisté sur l'importance de la production orale de l'enfant à laquelle il faut accorder une attention toute particulière. C'est en saisissant très tôt toutes les opportunités permettant de manipuler la langue orale que l'on fera prendre conscience à l'enfant de sa composition et de ses mécanismes :

• Sur le plan des sons, les jeux sur les rimes, les recherches de mots où l'on entend la même syllabe... vont permettre, sans pesanteur excessive, de comprendre que les mots peuvent se découper en plus petits morceaux ; l'enfant pourra ainsi s'exercer à repérer la position d'une syllabe au début ou à la fin d'un mot ; on sera par ailleurs particulièrement attentif à sa capacité de combiner des consonnes comme cr, tr, pr...

• Sur le plan de la phrase, on peut jouer à inverser le sujet et l'objet : « le bonbon mange Marie », « le tapis bat maman »... Les enfants très jeunes raffolent de ces jeux grammaticaux qui installent peu à peu une conscience implicite mais réelle de l'importance de la syntaxe dans la langue.

• Sur le plan des mots ; il faut parler avec eux des mots de notre langue ; s'interroger ensemble sur ce que veulent dire « noir », « gentil », « nuit »... ; c'est ainsi que l'enfant apprendra progressivement que chaque mot a un sens en lui-même, à distance du contexte dans lequel il l'emploie habituellement.

En incitant un enfant à chercher et à trouver les mots justes — c'est-à-dire ceux qui prennent l'Autre en compte —, on lui fera prendre conscience de ce que parler veut dire et on préparera efficacement ses premiers pas dans l'écrit.

S'il me paraît prématuré de commencer à apprendre à un enfant de deux ans le mécanisme du code écrit, il est par contre tout à fait utile de lui lire régulièrement des histoires ; il faut le faire de façon ostensible en manifestant bien qu'il y a un rapport direct entre l'objet livre et l'histoire que l'on raconte. De plus, de temps à autre, si l'on dispose d'une plage horaire un peu plus large, il faut en profiter pour dépasser le seul plaisir du partage d'un conte ou d'une aventure. Après avoir lu une histoire ou une partie d'histoire à l'enfant, on va lui demander de nous raconter, à son tour, ce qu'il en a retenu. Dans son interprétation de l'histoire, on va soigneusement trier ce que le texte évoque effectivement, ce qu'il admet et ce qu'au contraire il refuse. On montrera à l'enfant, en lui relisant certains passages, qu'il ne peut pas laisser la bride sur le cou à son imagination, que le texte qu'on lui a lu impose certaines limites, interdit certaines interprétations. Quelques exemples suffisent ; le but est simplement de faire entendre que ce qui est écrit dans un livre ne peut pas être tenu pour quantité négligeable. Plus tard, dès six ans et demi, sept ans, lorsque l'enfant commence à pouvoir lire seul des textes courts, il sera temps de reprendre la même démarche avec le néo-lecteur. Dans un premier temps, on lui proposera de lire de façon silencieuse (du moins le plus silencieusement possible) un texte de 70 à 100 mots. On lui fixera pour cela une limite souple de l'ordre de 2 à

3 minutes [6]. Ensuite, on l'incitera à raconter ce qu'il a compris de l'histoire (ou du texte documentaire) ; pendant qu'il nous livre sa version de l'histoire, on notera soigneusement les éléments qui sont en accord avec le texte et ceux que le texte écarte de façon définitive. Un enregistrement de ce que dit l'enfant facilite grandement la tâche et constitue une utile référence. Enfin, on proposera à l'enfant de lire le texte à haute voix et on montrera au jeune lecteur que si ce texte auquel il prête sa voix l'invite à entrer dans son monde en y apportant certains éléments personnels, il n'est pas pour autant une auberge espagnole : il admet certaines interprétations mais il en refuse d'autres. On dégagera avec lui quels sont précisément les éléments du texte qui excluent certaines interprétations abusives et on insistera sur la nécessité de soumettre son apport personnel à ce que le texte impose.

Les occasions ne manquent pas, tant en matière de productions orales que de lectures, pour montrer à l'enfant ou à l'adolescent combien l'on est attentif à sa « santé » linguistique. Les deux mêmes mots clés reparaissent : *bienveillance* et *exigence*. Bienveillance, parce qu'il faut accorder du prix aux tentatives mêmes incomplètes, même défectives d'un locuteur et d'un lecteur ; le courage qu'il manifeste pour prendre la parole ou pour affronter un texte doit être reconnu, c'est primordial. Exigence, parce que dans le domaine de la lecture, comme dans d'autres, un enfant ou un adolescent a absolument besoin qu'on lui fasse découvrir les limites dans lesquelles il a la possibilité d'exercer sa liberté d'action ; c'est dans cette perspective que doit s'orienter la médiation familiale. Une tâche essentielle des parents consiste à montrer que l'on doit entretenir avec le discours oral comme avec le texte écrit des relations de *probité* : en faisant découvrir les règles de

6. Cette durée correspond à une vitesse de lecture relativement lente (voir vitesse de lecture).

parole qui placent les besoins de l'Autre au centre des préoccupations de celui qui parle et en favorisant un comportement de lecture qui inscrit le légitime désir d'interprétation personnelle dans le juste respect dû à celui qui a écrit le texte.

3. L'ILLETTRISME ASSOCIE-T-IL DANS UNE MÊME INSÉCURITÉ L'ACTE DE LIRE ET L'ACTE D'ÉCRIRE ?

Est-ce le prolongement du même malentendu avec la langue ?

Traduire en mots écrits sa pensée à l'intention d'un lecteur qui en prendra plus tard connaissance suppose, comme l'activité de lecture et comme l'activité de parole, qu'on accorde une attention très importante aux attentes et aux besoins de l'Autre. De même que l'on ne parle pas pour soi ou pour un autre soi-même, de même que l'on ne lit pas en ignorant les propositions de l'auteur, de même on n'écrit pas sans se poser à chaque « coin de phrase » la question : « Que dois-je à mon futur lecteur pour qu'il comprenne ce que j'ai l'intention de lui communiquer ? » Et nous retrouvons ainsi dans l'activité d'écriture les mêmes impératifs qu'en matière de lecture et de parole, de même que nous retrouvons chez les jeunes adultes illettrés que nous avons observés face à une tâche d'écriture, des difficultés de même nature que celles provoquées par la lecture ou la prise de parole. On se rappelle les résultats de l'expérience proposée aux cent jeunes de 16 à 18 ans, élèves de LEP : 85 % de ceux qui avaient échoué à la lecture de deux textes sur trois avaient démontré leur incapacité à l'oral à se faire comprendre d'un auditeur inconnu. Ces élèves doublement handicapés (en lecture et en langage) se sont vu alors proposer d'écrire une lettre à destination d'un ami pour lui raconter un événement dont ce dernier ignorait tout. Nous avons jugé la pertinence des productions écrites en nous fondant uniquement sur ce qu'elles révélaient du souci plus ou moins affirmé de donner au lecteur une chance sérieuse de comprendre l'événement raconté ; dans cette perspective, nous avons retenu trois critères : l'utilisation pertinente des pronoms personnels (le souci de dire de qui ou de quoi l'on parle), l'utilisation appropriée des marques de temps (le souci d'indiquer la période et la chronologie des événements), l'emploi convenable des connecteurs logiques : mais, car, donc, afin que... (le souci de fournir les clés de la cohérence du texte).

Parmi les jeunes gens identifiés en insécurité de lecture, 74 % se sont retrouvés aussi en situation d'insécurité d'écriture (deux critères sur trois négatifs), ce qui nous donne le schéma suivant :

Individus en insécurité de *lecture* → 85 % en insécurité de *parole*

Individus en insécurité de *lecture* → 74 % en insécurité d'*écriture*

D'après ce constat, l'illettrisme apparaît bien comme la résultante d'un ensemble de détresses linguistiques indissociables : lecture, parole, écriture sont le plus souvent perverties par la même incapacité de concevoir l'autre à distance de soi-même, de lui consacrer, l'espace d'un échange linguistique, toute son attention et tous ses soins, de mobiliser à son intention tous les moyens linguistiques dont on dispose et d'être prêt à en acquérir d'autres pour mieux le servir et pour mieux s'en servir.

Quelles sont les principales difficultés d'écriture des illettrés ?

Nous avons proposé aux mille jeunes gens en difficultés de lecture de se soumettre à une épreuve de dictée. Leur capacité à former des lettres, la façon dont ils disposent leur texte sur la page, leur embarras à segmenter les mots, enfin leur degré de maîtrise de l'orthographe sont proportionnels à leurs difficultés à lire des textes et identifier les mots.

• L'occupation de l'espace de la page. Lorsqu'il leur est proposé d'écrire une lettre sous la dictée, 43 % d'entre eux seulement savent distribuer avec plus ou moins d'efficacité la date, le nom du destinataire, le corps du texte et la signature. Plus leur niveau de compétence en lecture est faible et plus ils ont du mal à organiser leur écriture sur la page. Cependant, cette relation n'est pas aussi étroite qu'on pourrait le penser ; certains jeunes à peu près sans aucune compétence en lecture avaient quelques lumières sur la disposition des éléments de la lettre même si ce qu'ils écrivaient était totalement incompréhensible. Ce type de performance, résultant de la photographie globale d'une organisation graphique stéréotypée, reste relativement indépendante du savoir-lire.

• L'habileté relative à dessiner les lettres et à les lier entre elles. Cette performance élémentaire d'écriture est fortement liée aux performances élémentaires de lecture : est incapable de former des lettres l'immense majorité (91 %) de ceux qui sont incapables de prononcer une syllabe simple écrite. Dès que l'on atteint un niveau même moyen d'identification des mots, ce lourd handicap graphique a tendance à disparaître.

• La capacité à segmenter les mots. Elle est fondamentale : une mauvaise segmentation des mots rend la lecture difficile, voire impossible, d'autant que ce défaut se conjugue souvent avec une écriture peu lisible. À peu près

2/3 des jeunes gens en sérieuses difficultés de lecture sont incapables de séparer les mots : « l'accident » devient « *la sidan* » ; « la vente de l'automobile » donne « *lavante de lotomobil* » ; « suite à votre demande » est écrit « *suita vot de mende* ». Notons — c'est important — que ces jeunes gens se heurtent dans leur lecture à de très graves problèmes pour identifier des mots isolés. Ce sont ces mêmes problèmes dont on retrouve la trace dans leur écriture. Les jeunes adultes qui ont des problèmes de segmentation en écriture obtiennent en lecture des scores d'identification de mots quatre fois inférieurs à ceux obtenus par les jeunes qui segmentent correctement. La cause est vraisemblablement un dysfonctionnement dans le cours de leur apprentissage de la lecture et de l'écriture : on n'a pas veillé avec une attention suffisante à automatiser l'association entre la composition graphique des mots (les lettres qui les composent) et leur composition phonique (les sons qui les composent).

• La maîtrise de l'orthographe. En ce domaine, la prudence s'impose plus que jamais. Les fautes d'orthographe ne sont en effet pas toutes de même nature, elles n'affectent pas toutes de la même façon la transmission de l'information écrite. Pourtant on constate que la quantité de fautes commises croît régulièrement à mesure que baissent les performances en lecture. Ainsi les jeunes qui ne parviennent pas à identifier des mots isolés orthographient mal 97 mots sur les 100 que le texte comporte ; ceux qui peuvent identifier le sens des mots isolés ne commettent que 52 fautes ; le score de ceux qui sont capables de lire des phrases tombe (si l'on ose dire !) à 33 fautes. Si l'on adopte le critère de la compréhension globale d'un texte, la relation est tout aussi nette : ceux qui proposent une histoire en accord avec le texte lu ne font que 21 fautes en moyenne, alors que ceux dont l'histoire n'a que peu de chose à voir avec le texte commettent 72 fautes en moyenne.

Le verbe se meurt

Les résultats de ces analyses — capacités à lire, parler et écrire des illettrés — ne sont pas surprenants. De plus, ils ont l'intérêt de montrer que quand il s'agit de la Langue tout se tient, à commencer par les difficultés de lecture, d'écriture et de parole. Bien sûr, on citera toujours le cas de tel lecteur expert ayant une orthographe déplorable ou embarrassé pour s'exprimer à l'oral ; ce sont toujours des cas d'espèce concernant en général des élèves ou de jeunes adultes qui ne sont pas véritablement en échec. En ce qui concerne l'illettrisme proprement dit, l'échec est inscrit au cœur même de la Langue et la touche dans toutes ses dimensions. Dans sa lecture, son écriture, comme dans sa parole, l'illettré manifeste clairement son renoncement à exercer la part de pouvoir que confère la langue à tout être humain : renoncement à s'emparer de ce que l'Autre a écrit à notre intention, renoncement à imposer à l'Autre son discours, renoncement à atteindre l'autre par le texte qui lui est dédié, renoncement enfin à dépasser le cercle étroit où l'a conduit et enfermé un parcours d'apprentissage privé de réelle médiation.

Cette absence de médiation, au plan familial, scolaire et plus généralement culturel, met en cause, au-delà de la seule capacité à lire et à écrire, les principes fondamentaux de *continuité* et de *transmission*. En réalité, ce que révèle l'illettrisme c'est l'incapacité d'une société tout entière à amener ses enfants à nouer grâce à la langue orale et écrite des rapports sereins de *probité*. Cette attitude de probité linguistique ne s'enseigne pas ; elle se transmet par l'exemple, le modèle ; et surtout elle se construit grâce à l'analyse sans cesse renouvelée des essais et des tentatives dont l'enfant ponctue, comme autant d'appels à l'Autre, son parcours d'apprentissage. À travers ces situations de questionnement et d'élucidation, la Langue révèle ses droits et ses devoirs à celui qui l'utilise ; ainsi se transmettent, bien au-delà du système et des règles linguistiques, les valeurs complémentaires d'exigence et de tolérance. C'est donc bien au sein du noyau familial et lors des premières années d'école que se joue le destin linguistique de l'enfant tant à l'oral qu'à l'écrit.

III

Les causes culturelles et sociales

1. L'ILLETTRISME : GHETTO LINGUISTIQUE ET GHETTO SOCIAL ?

Nous avons tenté de montrer (p. 44) que l'illettrisme est le résultat d'un profond malentendu qui s'est progressivement noué dans le fonctionnement du langage et les finalités de son utilisation. L'incapacité à concevoir que l'Autre se situe sur un territoire d'informations clairement distinct et distant du sien, l'extrême difficulté à développer par la parole une intention de conquête pacifique nourrissent un processus d'enfermement linguistique. Une fois affaibli le pouvoir de parole, suit nécessairement une rupture souvent définitive avec le monde de l'écrit. Lorsqu'un individu se trouve contraint de limiter le cercle des gens à qui il peut s'adresser et le cercle des choses sur lesquelles il peut s'exprimer, lorsque, en d'autres termes, un individu se trouve condamné à une communication de connivence et de proximité, c'est le regard qu'il porte sur le monde qui s'en trouve émoussé, c'est le pouvoir qu'il peut exercer sur le monde qui en sort du même coup terriblement amoindri.

L'illettrisme est-il un enfermement linguistique ?

Maîtriser une langue, tant à l'oral qu'à l'écrit, ne signifie pas en utiliser systématiquement le registre le plus élevé : il ne faut pas confondre « parler beau » et « parler juste », une écriture fleurie et une écriture efficace. En matière de communication orale ou écrite, les maîtres mots sont : adaptation, flexibilité, pertinence. Le juste usage de la langue est donc celui qui s'appuie sur une évaluation des attentes et des besoins de l'autre, identifie avec précision le thème et l'intention de l'acte de communication, et mobilise en conséquence les moyens linguistiques appropriés. De quoi est-ce que je veux parler ? Qui est celui à qui je m'adresse ? Qu'est-ce que je veux obtenir (le convaincre, l'amuser, l'émouvoir...) ? Quels mots vais-je choisir ? Quelle organisation vais-je mettre en place ? Telles sont les questions de base que se pose tout locuteur, tout scripteur responsable.

Plus l'Autre sera reconnu comme proche de moi, plus j'aurai identifié son territoire d'informations comme étant semblable au mien et moins j'aurai besoin d'expliciter ma pensée à son intention. On peut même dire qu'en certaines circonstances, fournir trop d'informations brouille la communication. Ainsi, imaginez qu'écrivant à votre mari (ou à votre femme) qui, en principe, sait de vous un certain nombre de choses, vous lui racontiez que l'on a cassé votre vase préféré en ces termes :

> « Vanessa, notre fille de 4 ans et demi, a cassé sur le sol du salon pavé de tomettes anciennes le vase décoré de fleurs bleues sur fond blanc que m'avait offert ma belle-mère pour mon cinquième anniversaire de mariage. »

Une telle pléthore d'informations est totalement inadaptée à la situation de communication ; une utilisation juste de la langue aurait débouché sur un énoncé du type : « Vanessa a cassé le vase à fleurs (ou le vase de ta mère) », ce qui aurait laissé la voie libre à « Tant mieux, il était horrible ! » ou à « Il faudra m'en acheter un autre... ».

Identifier ce que l'autre est censé savoir déjà, donner suffisamment d'informations mais pas trop, les organiser en fonction d'une intention de communication, voilà ce que les illettrés n'ont jamais appris à faire, ni à l'oral ni à l'écrit. Dans la très grande majorité des cas, leur langue, forgée dans un milieu restreint, peu exigeant et peu motivant, ne s'est pas dotée (et comment l'aurait-elle fait ?) de moyens propres à véhiculer le sens au-delà de la connivence et de la familiarité. Confinée dans un espace étroit, rarement sollicitée pour transmettre ou recevoir des informations extérieures à son cercle étroit, c'est une langue terriblement réduite dont disposent ces citoyens : un vocabulaire limité dont les unités sont extrêmement polysémiques et donc soumises aux variations aléatoires de leur contexte d'apparition ; un usage des marques grammaticales tellement approximatif qu'il finit par constituer une difficulté de compréhension supplémentaire ; une profonde difficulté à articuler logiquement un discours ; une quasi impossibilité à organiser temporellement les événements. Cette langue affaiblie, quasiment exsangue, ne supporte que la proximité, fuit avec effroi et ressentiment toute invitation à fonctionner au large, elle ferme définitivement les portes du monde de l'écrit, en fait un monde à part, étranger et inaccessible. Ne nous trompons pas ! L'illettrisme aujourd'hui est une véritable réclusion linguistique. Il ne constitue pas le fondement d'un regroupement corporatiste, ethnique, culturel dont une langue « particulière » serait à la fois le ciment et l'emblème. Non ! il s'agit d'un enfermement subi, d'une communication rétrécie, d'un rapport à l'écrit condamné d'emblée à l'échec. Cette langue illettrée est vécue comme une détresse linguistique globale : elle rend très difficile toute tentative de relation pacifique, tolérante et maîtrisée avec un monde devenu hors de portée des mots, indifférent au verbe. En cela, l'illettrisme constitue une sorte d'autisme social.

Y a-t-il un lien entre illettrisme et violence ?

Une telle question ne peut s'aborder qu'avec beaucoup de circonspection, en se gardant de toute simplification abusive. L'illettrisme n'est pas seul responsable de l'exclusion culturelle et sociale, ni des flambées de violence qui épisodiquement secouent certaines banlieues et perturbent certains établissements scolaires. Pourtant, défini comme une situation d'insécurité linguistique globale, l'illettrisme accompagne, nourrit et renforce l'exclusion, en fermant toute issue à l'agressivité et à la violence. J'ai tenté de montrer (p. 62) qu'un acte de communication maîtrisé à l'oral comme à l'écrit s'inscrit de fait dans un espace et un temps de négociation et invite naturellement à un comportement de compromis. En effet, lorsque l'on s'engage de façon responsable dans une relation linguistique, on doit avoir conscience que l'Autre ne sait pas tout ce que l'on sait, n'a pas vécu tout ce que l'on a vécu. C'est parce qu'il est Autre qu'il justifie le défi linguistique qui est lancé. Obligé de choisir et d'organiser ses informations en fonction de la distance qui nous sépare de l'Autre, tenu d'apporter attention et respect à ce que l'Autre cherche à nous communiquer, on participe à un véritable projet de communication qui met en place les conditions d'un échange où rien n'est joué d'emblée et qui donne à la Langue une véritable chance d'*arbitrage*.

À l'opposé, la situation de l'illettré s'accompagne presque toujours d'une difficulté marquée à prendre conscience de la distance qui sépare le territoire de l'Autre du sien propre et à en évaluer l'importance ; de plus ce handicap empêche de considérer que cette distance est franchissable et mérite d'être franchie. La « langue illettrée » orale et écrite se révèle ainsi incapable de construire des ponts vers les autres ; elle n'a pas le pouvoir de créer un *temps de pacifique confrontation linguistique* propre à différer le passage à l'acte et l'affrontement physique. Il est frappant (si j'ose dire !) de constater à quel point, en situation de ghetto linguistique et social, l'agressivité imprègne et marque la langue : les mots d'appel qui sont censés « inviter » un proche à participer à une relation linguistique sont souvent de pures insultes empruntées aux registres les plus inacceptables du racisme et de la xénophobie. Dans les ghettos noirs américains, « sale nègre » a remplacé « frère » comme terme d'adresse entre membres du même groupe ; les exemples du même type sont nombreux au sein de certaines communautés en France. La langue illettrée s'annonce d'emblée comme un instrument d'interpellation et d'invective ; elle banalise l'insulte et annonce le conflit plus qu'elle ne le diffère ; elle n'offre avec l'extérieur aucune perspective d'ouverture et de négociation, et rend à l'intérieur même du groupe toute tentative d'analyse et de problématisation extrêmement aléatoire. Détournée de sa fonction d'ouverture et d'analyse, privée de son rôle essentiel de régulation des affrontements privés ou publics, cette langue réduite laisse le devant de la scène aux porte-parole, entremetteurs et donneurs d'ordres auxquels leur maîtrise supérieure du langage assure une emprise politique, sociale et spirituelle.

L'illettrisme rend-il vulnérable aux discours simplificateurs d'intolérance et de rupture ?

La langue est faite pour tenir des propos sur le monde et lui donner sens. Chacun, par l'usage qu'il en fait, impose à tel ou tel élément du monde une qualification particulière : « cette femme est belle, laide ou quelconque » ; « le soleil est dangereux »... On pourrait considérer que le monde n'est en fait que ce que l'on en dit ou que ce qu'on en écrit. L'échange linguistique a ainsi pour fonction essentielle de confronter des visions différentes du monde ou de constater une analogie de points de vue.

Mais la vocation de la langue orale et écrite ne se réduit pas à définir un être, un objet ou à en préciser l'image. De façon plus essentielle, la langue permet d'identifier des *concepts* et de les questionner : émigration, exploitation, exclusion, tolérance, violence, espoir, liberté... sont des concepts forgés par la langue, et notamment par la langue écrite. Ils prendront sens à mesure qu'ils seront utilisés et problématisés dans des discours et des textes : en effet, un concept n'a véritablement que le sens qu'on lui donne et que l'on propose en l'utilisant dans les messages et les phrases. Chacun comprend l'opposition entre *émigration* et *immigration*, *liberté* et *détention*, mais l'important, c'est l'acception que chacun donne à ces termes et qu'il défend au travers de son langage : parler d'émigration c'est nécessairement prendre parti et ouvrir le champ d'une joute linguistique ; évoquer, désigner une *chaise*, une *table* soulève infiniment moins de problèmes. Le sens des concepts est ainsi l'enjeu d'incessantes confrontations linguistiques à travers lesquelles les individus apprennent à se reconnaître pas seulement pour ce qu'ils sont mais pour ce qu'ils pensent.

L'illettré, victime d'un handicap linguistique global, écarte quasi complètement de son univers linguistique la conceptualisation et le questionnement des concepts. Dans les discours oraux des jeunes illettrés, nous avons dénombré moins de 0,5 % de mots abstraits, déficience qui les laisse terriblement désarmés devant l'imposition de tel ou tel concept présenté comme principe explicatif unique et universel. Par ailleurs l'illettrisme n'autorise que des discours et des textes présentant un très faible degré de cohérence explicite : l'absence quasi totale de liaisons logiques, la grande difficulté à maintenir une organisation chronologique donnent aux productions orales et aux rares productions écrites un caractère disloqué, sans cohérence narrative, ni — a fortiori — argumentative. Vivant leur langue dans la ponctualité et l'hétérogénéité, les illettrés pensent le monde dans des termes identiques ; de ce fait un discours certes monolithique, voire totalitaire, mais apportant enfin sens, cohérence et règles au tumulte et au désordre du monde a toutes chances de les éblouir. La langue des illettrés, vouée essentiellement à l'interpellation brutale, au constat immédiat et à la qualification radicale n'autorise pas à interroger ni à mettre en cause les mots d'ordre définitifs et les principes explicatifs présentés comme universels. La langue illettrée a tendance à adopter, pour les reproduire telles quelles, les argumentations les plus rigides et les plus formelles ; spécieuses, dangereuses ? peut-être, mais donnant au monde un sens que cette langue, forgée dans l'indifférence et le malentendu, est bien incapable de proposer. Il est évidemment hors de question de prétendre que l'illettrisme est seul à l'origine des idéologies les plus réactionnaires, des croyances les plus intégristes. Cependant un citoyen en difficulté de conceptualisation et d'argumentation, un citoyen qui ne sait pas, grâce à la Langue, prendre une distance propice à la réflexion et à l'analyse sera particulièrement perméable à tous les discours qui prétendent apporter des réponses simples, immédiates et définitives ; il sera facilement séduit par tous les stéréotypes qui offrent du monde une vision dichotomique et manichéenne ; il sera docilement soumis aux règles les plus rigides et les plus arbitraires pourvu qu'elles donnent l'illusion de transformer en ascèse les insupportables frustrations quotidiennes.

2. Est-il encore utile aujourd'hui de savoir lire et écrire ?

La question peut surprendre ; elle n'est pas hors de propos dans le monde d'aujourd'hui.

Qu'en pensent les parents ?

En 1994, j'ai collaboré à un sondage qui fut effectué par l'institut CSA auprès d'un échantillon représentatif de parents d'enfants de 8 à 15 ans. Dans ce cadre, était posée la question suivante :

« Estimez-vous que dans la société d'aujourd'hui, il est indispensable ou pas de savoir lire ? »,

les résultats furent les suivants :

Oui, tout à fait indispensable	*76 %*
Oui, plutôt indispensable	*20 %*
Non, pas vraiment indispensable	4 %

Le fait qu'une majorité de parents accordent de l'importance au savoir-lire n'est pas fait pour nous étonner ; c'est le caractère massif des réponses attribuant à la capacité de lecture un caractère indispensable qui est remarquable. Cette quasi-unanimité ne se dément pas quels que soient le sexe, l'âge ou le statut social des personnes interrogées.

Dans ce même sondage, la deuxième question précisait la première : « Pour quelles raisons pensez-vous qu'il est important pour les enfants de lire ? »

L'analyse des réponses semble indiquer une évolution de l'opinion des parents sur le rôle de la lecture aujourd'hui. Globalement, on note qu'une majorité importante de réponses (64 %) se sont portées sur la fonction d'information et de documentation de la lecture : pour beaucoup de parents, la lecture permet de s'approprier des connaissances nouvelles. Sa capacité à développer l'imagination des enfants, bien que moins évoquée (50 %), n'est cependant pas oubliée. Par contre, la relation avec la réussite scolaire est relativement peu marquée (44 %) et celle avec la vie professionnelle particulièrement minimisée (32 %). Une analyse plus précise montre que ce sont les parents les plus jeunes (moins de 35 ans) qui insistent sur l'importance du rôle de la lecture pour acquérir de nouvelles connaissances (78 % des moins de 35 ans contre 55 % des plus de 35 ans). De façon presque symétrique, ce sont aussi les parents les plus jeunes (moins de 35 ans) qui accordent le plus l'importance à la lecture dans la réussite professionnelle (40 % des moins de 35 ans contre 24 % des plus de 35 ans).

Ces comparaisons révèlent une évolution de l'opinion des parents sur l'utilité individuelle et sociale de la lecture : les nouvelles générations de parents accordent moins d'importance à une lecture qui fait appel à l'imagination et au rêve, mais beaucoup d'intérêt à l'aspect utilitaire de la lecture qui permet de prendre connaissance des informations dont on a besoin quand on en a besoin. C'est dans cette perspective qu'ils accordent à la lecture un rôle très important dans la réussite professionnelle : ils ont pu, eux-mêmes, se rendre compte que la plupart des activités professionnelles exigent que l'on soit capable de se procurer telle ou telle information de façon rapide et pertinente. Pour ces nouveaux parents, la représentation de l'acte de lecture semble ainsi fortement influencée par l'utilisation des techniques nouvelles d'accès à l'information. Cette tendance à considérer l'acte de lire comme essentiellement fonctionnel est d'autant plus forte que le niveau social des parents est faible. En somme, il semble que les nouvelles générations de parents, notamment dans les milieux socio-professionnels inférieurs, minimisent — voire excluent — l'ambition culturelle de la lecture pour réduire celle-ci à une *fonctionnalité utilitaire et professionnelle.* Si cette tendance se précise, elle risque à terme de contribuer à fracturer le monde de l'écrit en « petits lecteurs » du quotidien et de l'utile contre quelques « grands lecteurs » capables de lire plus loin et plus haut. De ce fait, la fonctionnalisation réductrice de la lecture, qui cantonnerait dans l'univers clos des tâches quotidiennes les élèves les plus défavorisés, apparaît socialement et culturellement dangereuse. La lecture est plurielle, et c'est vers la pluralité et la polyvalence que l'École doit conduire tous ceux qui lui sont confiés.

Lit-on plus aujourd'hui ?

Indiscutablement ! Il est certain que beaucoup plus de gens et de façon beaucoup plus fréquente font aujourd'hui acte de lecture. La vie sociale, culturelle et professionnelle dispensent rarement du savoir-lire. Ne serait-ce que dans la vie quotidienne, le citoyen est sans cesse sollicité par de l'information écrite : dans les gares, les métros, les aéroports..., il faut pouvoir lire horaires et destinations ; les banques, les Agences pour l'Emploi, les bureaux de poste... utilisent l'information écrite, sous forme d'affiches ou de prospectus, de préférence à la relation orale d'information et d'explication : ce sont des endroits où l'on se parle peu et où, de part et d'autre du guichet, on a beaucoup à lire. De façon plus générale, l'ouverture relative de domaines, pendant longtemps réservés aux seuls spécialistes, entraîne des propositions de lecture nouvelles et importantes : la santé par exemple est un domaine de plus en plus ouvert au public à qui s'offrent des quantités d'articles, nomenclatures, conseils et discours promotionnels à l'usage du plus grand nombre ; la formidable révolution informatique a d'emblée suscité des vocations d'autodidacte qui se nourrissent d'une multitude de documents, revues et modes d'emploi. Le citoyen d'aujourd'hui doit accomplir une multitude d'actes de lecture et d'écriture pour sa survie sociale. Si on a le loisir de téléphoner à ses amis plus qu'on ne leur écrit, les échanges de courrier liés à la gestion de la vie domestique sont en revanche nombreux et importants. Les courriers administratifs, par exemple, sont parfois si ardus à comprendre qu'on voit de nombreuses personnes illettrées abandonner la tâche et, faute de répondre, se trouver rapidement dans des situations délicates. Si certaines peuvent obtenir de l'aide de leur entourage, les situations fréquentes de rupture des liens familiaux provoquent un véritable problème de survie. Pour mesurer la difficulté de la tâche, il faut prendre conscience de la difficulté du processus qu'elle implique : identifier d'où provient le document, comprendre ce qui est demandé, concevoir ce que l'on attend et enfin répondre. La réponse en elle-même suppose que l'on soit capable de résumer la situation en jeu, de fournir l'information demandée et éventuellement de proposer des solutions alternatives. Toutes ces capacités ne sont pas acquises en même temps que l'on acquiert les rudiments du code graphique ; elles doivent nécessairement faire l'objet d'un véritable apprentissage.

Lorsque l'on examine certains courriers couramment adressés aux citoyens français, on est frappé par la difficulté de la langue employée et on imagine pourquoi tant de gens peuvent à peine les comprendre. Nous en donnons deux exemples parmi d'autres :

> • Caisse d'allocations familiales : « Nous vous prions de bien vouloir tenir les justifications demandées au verso (rubriques cochées) à la disposition de notre agent de contrôle qui vous rendra visite prochainement. »
>
> • Courrier d'une association de formation (bas niveau de qualification) : « Le principe de votre participation au stage est acquis dans la mesure

cependant où votre situation administrative correspondra aux exigences en vigueur à l'ouverture de la formation. Dès réception de cette lettre, il vous appartient de retirer auprès de votre agence un dossier d'inscription que vous nous renverrez dûment rempli. Vous recevrez dans les huit jours une convocation pour un entretien préalable. »

On conviendra que les 20 % de jeunes adultes en grande ou moyenne difficulté n'ont pas les capacités d'affronter de telles aventures de lecture. Récemment ont été présentés les résultats d'une enquête de l'OCDE sur les performances comparées de différents pays en matière de lecture fonctionnelle. Sous la pression insistante de certains journalistes, on a appris, non sans mal, que les résultats de la France ne pouvaient être divulgués. Or quelques indiscrétions les ont qualifiés de particulièrement désastreux et quelques informations ont émergé : 40 % de performances négatives, un niveau comparable à celui de la Pologne. Pour avoir fait partie du comité de pilotage censé apporter un semblant de rigueur scientifique à la partie française de l'enquête, je peux attester que, si les tests utilisés ne visaient pas à mesurer les compétences générales en lecture, ils permettaient en tout cas de juger de la capacité à utiliser l'écrit dans certaines situations pratiques de la vie quotidienne. Quelles que soient les réserves, légitimes, que l'on a pu émettre sur la rigueur des modalités de passation ou sur la représentativité de l'échantillon, il reste que les résultats de cette enquête mettaient à jour un problème intéressant : le citoyen français semble n'être pas le meilleur, et de fort loin, lorsque, quittant les utilisations purement scolaires de l'écrit, il doit affronter des situations concrètes et complexes de la vie sociale, professionnelle et culturelle lesquelles nécessitent le plus souvent flexibilité, polyvalence et autonomie. La question est posée à l'ensemble de notre système éducatif qui ne peut ni l'éluder par un embargo embarrassé sur les résultats ni feindre d'y répondre en ponctuant de quelques textes dits fonctionnels l'apprentissage de la lecture. Comme nous le verrons dans la partie consacrée aux réponses de l'École (p. 188), l'enjeu est aujourd'hui d'apprendre aux élèves à identifier à quel type appartient un texte, à définir les intentions de lecture que l'on se fixe et à choisir avec lucidité une stratégie pertinente de lecture ; en un mot, à devenir un citoyen-lecteur capable de comprendre efficacement consignes, formulaires et tableaux, mais aussi — mais surtout — prêt à entrer avec appétit dans des textes qui éclairent les questions parfois douloureuses qui se posent à tout être humain.

Lit-on mieux aujourd'hui ?

Davantage d'injonctions à lire, plus souvent et pour plus de monde : les exigences sociales et professionnelles en matière de lecture ont très fortement augmenté au plan quantitatif. Mais ces exigences ont-elles en même temps augmenté d'un point de vue qualitatif ? Examinons la nature de ces écrits qui foisonnent et quel type de comportement de lecture ils induisent.

Généralement, les écrits qui se sont multipliés dans la vie sociale et professionnelle ont deux caractéristiques : ils sont courts et ils sont constitués de séquences d'informations ponctuelles et successives. Ces écrits induisent un comportement de lecture particulier : confronté à un tableau d'affichage, à une liste, à une nomenclature, à une petite annonce ou à un prospectus, le lecteur aura pour seule tâche de prélever une ou plusieurs informations ponctuelles ; le seul lien qu'il aura à identifier sera celui d'une éventuelle succession chronologique ; la seule organisation qu'il aura à découvrir sera celle dictée par une mise en page souvent agressive qui hiérarchise a priori les informations. Si le citoyen se trouve aujourd'hui, beaucoup plus qu'hier, invité à lire, la dimension réduite de la lecture qui lui est proposée — ou plutôt imposée — ne l'incite guère à acquérir la maîtrise de la cohérence narrative, explicative et argumentative. La question que l'on peut alors se poser est la suivante : l'abondance considérable des occasions sociales et professionnelles de lecture favorise-t-elle vraiment une maîtrise mieux partagée de la lecture ou au contraire ne contribue-t-elle pas à creuser et à élargir un fossé entre *deux types de lecteurs* ? Les uns capables d'affronter des distances narratives plus longues et de découvrir les liens logiques et chronologiques qui font la cohérence des textes argumentatifs, les autres cantonnés dans des tâches de lecture courtes, ponctuelles et très situationnalisées. Il ne s'agit pas de comparer ces lecteurs de faible envergure avec les jeunes adultes illettrés dont nous avons étudié les comportements de lecture. Je vois cependant, depuis quelques années, s'asseoir sur les bancs de l'université certains étudiants(es) effrayés par la perspective de lire un article un peu long, terrorisés par la seule idée d'entreprendre la lecture d'un livre scientifique. Illettrés ? Certes pas ! ils sont parfaitement à l'aise dans les menus travaux quotidiens de la lecture ; mais ils se tiennent prudemment à l'écart de discours et de textes dont ils pressentent l'abstraction et la complexité organisationnelle ; ils s'en détourneront avant même d'y porter l'œil, avant même d'y engager leur esprit.

Le même type de problème accompagne les progrès extraordinaires des banques de données qui proposent « à domicile » une quantité considérable d'informations sur tous les sujets. L'accès de plus en plus facile, le classement de plus en plus pratique, les parcours de mieux en mieux aménagés, la forme de plus en plus attrayante font des instruments « multimedia » un formidable moyen d'acquérir des connaissances. Bien plus efficacement que le livre, ils mettent à la disposition de l'élève, du chercheur, ou de l'« honnête homme » l'information dont il a besoin, au moment où il en a besoin en alliant le texte, l'image et le son.

C'est cependant sur cette notion de *disponibilité* qu'il faut s'interroger : l'ensemble des informations sont là, disponibles, chacune prête à être activée au gré de la volonté de l'utilisateur. À quoi bon alors se livrer au fastidieux labeur de les intégrer dans sa propre mémoire d'homme ? Sans céder à la nostalgie des-temps-heureux-où-l'on-apprenait-par-cœur, on peut s'interroger sur les conséquences cognitives qu'induit la facilité nouvelle à interroger des mémoires externes rassemblant d'énormes quantités de connaissances. Je crains fort que cette merveilleuse commodité d'accès à tous les savoirs du monde n'entraîne une habitude de lecture ponctuelle et éphémère des informations et dissuade les mémoires humaines de se construire ce réseau complexe de connaissances interreliées que certains nomment culture et qui donne à l'analyse sa profondeur, à la réflexion sa continuité. N'allez pas en déduire, oh lecteur impatient ! que je fasse du multimedia un agent pernicieux de l'illettrisme ; non ! bien sûr, mais il me paraît prudent de rappeler que l'on ne comprend véritablement que ce que l'on a mémorisé soi-même. Seule l'intégration dans notre mémoire permet à une information de trouver sa place dans cette structure complexe où les savoirs patiemment accumulés côtoient les traces d'événements et de sensations enregistrés jour après jour : une information n'est comprise — au sens étymologique du terme — que parce qu'elle est prise dans le réseau que chaque individu a constitué et qui n'appartient qu'à lui. Ces avancées technologiques méritent autant d'intérêt que de lucidité ; il ne faudrait pas que les nouvelles formes de lecture, plus ponctuelles, plus immédiates, nécessitant moins la mémorisation, ne destituent la mémoire humaine de ce rôle essentiel de donner sens, cohérence et continuité à notre vision du monde.

Faut-il savoir lire pour savoir faire ?

À question précise, réponse précise : non ! il n'est pas indispensable de savoir lire pour apprendre à faire quelque chose. Mieux même, le fait de devoir passer par la lecture pour effectuer une activité peut parfois compliquer les choses. Je me souviens par exemple d'une expérience que j'ai vécue en Haïti, en 1980 : nous menions dans des communautés paysannes une action d'alphabétisation en langue créole. Dans notre grande naïveté, nous avions prévu qu'après une phase d'alphabétisation, serait organisée une phase de post-alphabétisation au cours de laquelle les savoir-lire et écrire récemment acquis seraient réinvestis dans des activités de développement. S'est alors posée la question suivante : quels types d'activités pourraient réunir l'avantage de contribuer au développement communautaire et de prouver l'utilité de la lecture et de l'écriture ? Plusieurs chantiers furent ouverts : curage de sources, création de latrines, forage de puits, macramé... Dans tous les cas l'activité fut souvent convenablement réalisée ; par contre la lecture et l'écriture ne furent pas le moins du monde sollicitées. Prenons l'exemple de l'atelier de fabrication de macramé : l'idée était d'introduire dans cette communauté qui l'ignorait une technique de tissage permettant de fabriquer des sacs, ceintures et autres accessoires vendables au marché de la ville. Dans cette perspective, furent élaborés des petits livrets — dits livrets de postalphabétisation — décrivant aussi simplement et précisément que possible les gestes techniques qui permettaient d'apprendre à faire les différents types de nœuds nécessaires au tissage. Dans la plupart des ateliers, les moniteurs abandonnèrent très rapidement nos précieux petits livrets au profit de l'exemple et du geste. Tous nos efforts furent vains qui visaient à démontrer le caractère utile voire indispensable de la chose écrite ; il fut même interdit de se servir de ses mains pour montrer comment s'y prendre... et le résultat fut catastrophique. Force fut de reconnaître que pour apprendre à effectuer une tâche simple, ponctuelle et reproductible, on n'avait nul besoin de recourir aux schémas et aux textes ; c'est un détour artificiel, qui diffère et gêne l'apprentissage technique.

Ce constat, que bien d'autres expériences du même type sont venues confirmer, signifie-t-il que le lire et le faire appartiennent à des univers distincts dont le rapprochement n'a rien de nécessaire ? Certes non, bien au contraire. Le savoir lire et écrire, et plus généralement la maîtrise de la langue, donnent sens au savoir-faire et lui confèrent une flexibilité et une autonomie sans lesquelles il ne serait, comme dit Brassens, qu'une « sale manie ».

Dans nos sociétés développées, la diversité des activités techniques quotidiennes suppose que l'on sache se passer de la présence physique d'un guide qui indiquerait par l'exemple et le geste comment opérer. Dès l'instant où l'on ne peut fournir un démonstrateur humain avec les appareils, instruments, jeux ou services dont on propose l'usage, il ne reste que la solution de la notice d'utilisation. Mêlant schémas, dessins, photos, symboles et textes écrits, ces notices sont d'une lecture parfois très difficile. Elles exigent un apprentissage spécifique qui n'a finalement, d'un point de vue stratégique, que peu de chose à voir avec la lecture d'un texte explicatif ou narratif. En effet lorsque l'écrit doit se substituer à la démonstration gestuelle, se pose alors un problème majeur : l'écrit sépare nécessairement la description des actions à effectuer de leur réalisation ; il en dissimule le plus souvent le résultat final et oblige le lecteur à construire lui-même la cohérence de sa démarche. Notre école est encore fort loin d'avoir résolu les difficultés que présente la conception de l'écrit ouvrant sur l'action. Notre société non plus n'a pas su apprendre à ses citoyens à se servir efficacement des documents dont elle les submerge. Dans le domaine professionnel, comme dans le domaine domestique ou ludique, les tâches à effectuer sont de plus en plus complexes, imposant des parcours longs dont les phases se succèdent dans un ordre précis. Aujourd'hui, la maîtrise du fonctionnement d'un magnétoscope ou même tout simplement d'une montre un peu sophistiquée ne peut s'obtenir par la seule observation d'un démonstrateur. Dès lors que le parcours d'accomplissement d'une tâche devient complexe, s'impose la nécessité d'une référence stable et constamment disponible que seul l'écrit est susceptible de fournir. Non seulement le texte explicatif constitue un recours en cas d'oubli total ou partiel de la démarche, mais aussi il souligne les relations logiques et chronologiques qui lient les différentes phases du parcours, permettant ainsi de fixer efficacement sa cohérence globale.

Un savoir-faire acquis par la seule reproduction de gestes, d'activités ou de comportements est un savoir-faire enchaîné aux circonstances qui ont présidé à son apprentissage. Pour être adaptable, le savoir-faire doit se libérer de la situation dans laquelle s'est effectuée sa mise en œuvre initiale. Si l'on s'en tient à un apprentissage purement mimétique, il faut, pour obtenir cette autonomie, réaliser la même tâche dans suffisamment de situations différentes pour que la démarche se dégage progressivement des circonstances qui l'actualisent et s'élabore en un modèle adaptable. La langue écrite, par sa puissance d'abstraction et d'évocation, permet d'exprimer d'emblée l'essence de la démarche qu'on sera donc en mesure d'appliquer dans une quantité de situations si diverses soient-elles. C'est l'analyse de la démarche pratique et sa formulation écrite qui donnent au « faire » sa naturelle dimension intellectuelle et accroissent la puissance et l'étendue de ses réalisations. L'injonction « Fais comme moi ! » exclut tout questionnement sur la possibilité d'accomplir, en l'adaptant, cette action ailleurs et à un autre moment ; l'analyse, à distance, d'une action, de la démarche intellectuelle qui l'anime est le seul moyen de s'affranchir du *hic* et du *nunc* (ici et maintenant) ; cette analyse parce qu'elle précède, accompagne et suit la mise en acte, donne à la langue écrite sa vraie mission de conciliation du geste et de la pensée.

Repartons en Haïti. Après notre tentative malheureuse d'installer un atelier de macramé, nous nous sommes vite aperçus que les savoir lire et écrire récemment acquis pouvaient être utilisés de façon bien plus efficace et naturelle : enregistrer des décisions, fixer les résultats et envisager les projets. De façon progressive, les principales décisions des conseils communautaires furent ainsi écrites sur un grand tableau qui conservait l'information de séance à séance ; peu à peu, certains participants des centres d'alphabétisation se chargèrent de noter sur des cahiers les différents travaux réalisés en commun ; mieux même, l'habitude fut prise de dresser, de mois en mois, la liste des projets communautaires à accomplir. Un peu plus tard, lorsque l'apprentissage de la numération fut suffisamment engagé, les néo-alphabètes commencèrent individuellement à noter les quantités des produits qu'ils avaient récoltés, le poids des semences qu'ils avaient achetées. Par contre les sommes d'argent gagnées ou dépensées ne furent que très rarement notées par écrit...

Il m'apparaît aujourd'hui avec force que l'écrit place l'action à distance temporelle du moment de son accomplissement. Il permet ainsi de conserver la trace du déroulement ou du résultat de cette action désormais inscrite dans un passé disponible. De même l'écrit autorise à projeter la mise en œuvre d'une pratique dans un temps à venir, et donc de concevoir les modalités de sa réalisation future [1]. En dégageant l'action du ponctuel et de l'éphé-

1. Il est intéressant de remarquer que les langues de tradition orales (sans écriture) ne possèdent pas un système temporel mais fonctionnent avec des marques d'aspect qui relient toujours l'action au moment où l'on parle. C'est avec l'apparition de l'écriture que le système temporel se met en place.

mère, l'écrit ouvre la possibilité d'engager une démarche comparative indispensable à une évolution maîtrisée des pratiques ; autrement dit, il conditionne le progrès technologique. Ainsi en Haïti, nous avons vu certaines pratiques traditionnelles, au niveau agricole notamment, se modifier d'une part parce qu'à l'intérieur d'une même communauté l'enregistrement des résultats successifs avait permis de constater par comparaison une amélioration concrète, d'autre part parce que certains résultats obtenus dans d'autres communautés distantes et transmis grâce à l'écriture avaient incité à rompre avec certaines habitudes.

L'écrit a-t-il sa place dans le travail dit « manuel » ?

Une étude menée auprès de 60 000 jeunes adultes ayant subi un échec scolaire plus ou moins grave nous a permis de mettre en évidence une relation forte entre les performances en lecture et les résultats d'un test de mécanique générale. On constate que parmi ceux qui échouent au test de mécanique générale, 51 % sont en grande difficulté de lecture ; ce pourcentage est de 5 % seulement chez ceux qui réussissent au test de mécanique générale. Une maîtrise convenable de la lecture semble donc conditionner la maîtrise de certaines capacités manuelles : la complexité des tâches, la nécessité de savoir adapter son comportement à des situations particulières donnent à l'écrit un rôle de plus en plus important dans l'apprentissage des pratiques dites manuelles.

Prenons l'exemple de Joël P., mécanicien auto dans une station-service de Nantes. Il nous décrit à grands traits ses activités quotidiennes de lecture et d'écriture : il lui faut rédiger des commandes de pièces, lire des informations sur les véhicules en réparation, d'une part sur le guide d'entretien du propriétaire, d'autre part, dans des documentations techniques diverses. La bibliothèque de la station-service comporte une cinquantaine d'ouvrages.

Enfin, il aura à rédiger une fiche des travaux effectués avant qu'on établisse la facture. Il nous montre au hasard une phrase à laquelle il a été confronté : « *Si, après avoir contrôlé le correcteur avant et le cylindre de suspension avant gauche, la chute de pression persiste, le cylindre avant droit est défectueux ; il faut le changer ou le remettre en état.* » Un tel exemple montre à quel niveau de complexité un travailleur manuel se trouve amené à exercer ses talents de lecteur. Certes, il n'y a presque jamais nécessité de comprendre parfaitement le texte *avant* d'agir, mais il faut sans arrêt effectuer un va-et-vient entre le « faire » et le « lire ». Outre la lecture très soigneuse des modes d'emplois pour utiliser tel ou tel dispositif, Joël P. nous dit que c'est surtout la recherche de l'information utile dans une documentation qui est difficile. La navigation dans le document réclame des parcours complexes avec prise rapide d'indices : « *C'est la variété des versions à l'intérieur d'un même modèle de base et les différences d'agencement selon l'année du véhicule qui rendent les choses très compliquées.* » Cet ouvrier mécanicien doit exercer cette activité de recherche avec rapidité et pertinence, ce qui exige des compétences sérieuses en lecture. Certes de nombreuses personnes aux marges de l'illettrisme réalisent des performances notables en mécanique pour peu qu'elles soient passionnées. Mais il s'agit toujours d'interventions limitées à leur propre véhicule ou à celui d'amis proches et réalisées « avec le temps qu'il faut ». La diversité des cas de figure auxquels un professionnel doit faire face pour obtenir le résultat voulu dans un temps limité réclame une tout autre efficacité qui ne s'acquiert qu'en pratiquant des actes de lecture inaccessibles à un illettré même léger.

J'ai la conviction qu'il faut se garder d'établir une dichotomie entre le lire et le faire : on porterait à la cohésion culturelle et sociale un mauvais coup qui engendrerait un gâchis économique considérable. J'ai encore en tête l'entretien d'embauche d'un jeune adulte illettré : reçu par le responsable d'un service municipal pour un travail de cantonnier (CES), il se voit recommander de bien observer son tuteur et de l'imiter scrupuleusement ; on se félicite même qu'il ne sache ni lire ni écrire car « il n'apprendra que mieux le boulot ». Pendant six semaines, ce jeune homme taillera des haies et balaiera les allées. Plus tard, avec un peu de chance, il décrochera un autre CES dans lequel il n'aura évidemment aucun acquis à investir ; transports de paquets, tampons à placer sur des enveloppes, travaux d'arrosage, de peinture... pourront ainsi se succéder sans la moindre distance, sans la moindre invitation à comprendre le comment et le pourquoi d'une pratique acquise par simple imitation. Est-ce là ce que l'on appelle formation et insertion professionnelle ? Dans la vie professionnelle on constate que, de plus en plus, les postes de travail peu qualifiés diminuent de façon importante. Les postes de travail qualifiés, y compris ceux qui exigent un travail manuel, nécessitent un apprentissage théorique et donc une capacité réelle à lire et à écrire. On peut affirmer que le problème que posent aujourd'hui les quinze millions de chômeurs de l'Union européenne n'a aucune chance d'être résolu sans qu'un effort considérable soit entrepris pour parvenir à une maîtrise mieux partagée de la lecture et de l'écriture.

L'illettrisme ne favorise pas la constitution d'une main-d'œuvre socialement utile ; bien au contraire, c'est un handicap qui induit la création d'activités souvent artificielles, taillées sur mesure pour occuper provisoirement un individu dont on accepte comme une fatalité l'insécurité linguistique et la carence d'adaptabilité. D'où viennent les difficultés que rencontre aujourd'hui l'enseignement technique sinon de la tendance fâcheuse à séparer les matières d'enseignement général et la formation professionnelle. Une telle démarcation est préjudiciable à l'un comme à l'autre des deux domaines pédagogiques. L'enseignement général dispensé par les lycées professionnels reste, malgré tous ses efforts d'innovation (et ils sont réels), considéré comme étant de seconde zone ; la formation professionnelle, souvent coupée de toute réflexion à distance de l'action, se crispe sur sa seule dimension manuelle et n'analyse pas les procédures intellectuelles qui animent la pratique et lui donnent sens, dynamisme et autonomie. Il y a un réel danger à penser que les difficultés de lecture et d'écriture peuvent être « naturellement » compensées par la dextérité manuelle ; nous devons au contraire être convaincus qu'il faut maîtriser la langue orale et écrite pour mieux agir sur le monde.

3. Notre culture a-t-elle les illettrés qu'elle mérite ?

J'ai tenté de montrer en quoi l'illettrisme peut être la conséquence d'un malentendu global avec la langue (p. 44) ; j'ai voulu mettre en évidence le fait que ce malentendu se noue très tôt lors de l'apprentissage : résultat d'un rendez-vous manqué entre l'enfant et ses médiateurs potentiels. Il s'agit maintenant de s'interroger sur l'univers culturel que l'on propose aujourd'hui à nos enfants, sur les habitudes sémiologiques qu'il induit et enfin sur la responsabilité que l'on doit lui attribuer dans le renoncement à la lecture et plus généralement dans l'insécurité linguistique sévère où se trouve 8 à 10 % de la population française.

Le discours publicitaire a-t-il des effets pervers sur le savoir-lire ?

Dans l'univers culturel proposé à nos enfants, on sait — même si on le regrette — la place que tient la télévision ; les messages publicitaires envahissent la part la plus regardée des émissions. Ils conjuguent leurs efforts pervers pour imposer un rapport au sens qui est en totale contradiction avec celui que propose la lecture. Le discours de la promotion installe, sous le masque séduisant de l'humour et de l'esthétisme, des modèles d'accès au sens dont l'impact est aussi puissant que dangereux. La signification d'un message publicitaire est toujours le résultat de l'association d'un produit identifié et d'une qualité valorisant ce produit. Quel que soit le produit dont on parle, quelle que soit la caractéristique qu'on lui attribue, la relation qui fonde le sens du message est immuablement de nature valorisante et laudative. Aucun message publicitaire n'échappe à ce schéma. Celui qui reçoit un tel message n'a jamais à en chercher le sens ; on comprend un spot publicitaire dès l'instant que l'on a identifié la nature du message.

Nous avions fait, il y a quelques années, une expérience dans deux classes de grande section d'école maternelle. À ce moment-là passait à la télévision un petit film produit dans le cadre d'une campagne contre le tabagisme. Dans ce petit film, un adolescent proposait une cigarette à une jeune fille. La jeune fille prenait la cigarette, l'écrasait ostensiblement entre ses mains et la jetait en disant : « Un peu de liberté gagnée » ; la phrase s'inscrivait simultanément sur l'écran. Nous avons sélectionné quarante enfants de quatre à cinq ans de milieux sociaux très différents. Nous avons présenté le petit film à chacun de ces enfants et nous leur avons posé individuellement la question suivante : « Qu'est-ce qu'on veut dire dans ce film, pourquoi est-ce qu'il passe à la télévision ? » Sur les quarante enfants interrogés, trente-huit ont fourni des réponses du type : « Ça veut dire que la cigarette, *c'est bon,* qu'il faut fumer. » En ce qui concerne les deux enfants restants, le premier n'a donné aucune réponse et le second nous a dit : « Ben, la cigarette, c'est pas bon parce que ma tante elle est morte parce qu'elle fumait trop. » À l'évidence c'est ailleurs que ce dernier était allé chercher la signification du message. Trente-huit enfants sur quarante nous ont ainsi fourni une réponse en totale contradiction avec le message que le film tentait de faire passer. Leurs interprétations ne prenaient absolument pas en compte les différents indices que le film leur proposait : indices visuels (la jeune fille écrasait la cigarette) ; indices linguistiques (« un peu de liberté gagnée »). Tous ces enfants ont été d'emblée emportés par l'évidence éblouissante du schéma publicitaire ; schéma monotypique induisant le raisonnement suivant :

- C'est court, c'est entre les émissions ; il s'agit donc d'un *spot publicitaire.*
- Dans ce spot, on parle de cigarettes ; il s'agit donc du *produit.*
- Si l'on parle de cigarettes dans un film publicitaire, ce ne peut être que pour en *dire du bien.*

Cette conclusion, longuement forgée par la formidable répétition d'un mécanisme stéréotypé, a balayé tout ce que le message lui-même *voulait* dire ; elle a effacé d'un seul coup les indices susceptibles de contredire le sens déjà programmé. Pour tous ces enfants, la signification était livrée avant même que ne s'achève le message ; ils en avaient compris le sens dès l'instant où ils avaient identifié la nature du message. Le seul effort de découverte a résidé dans l'identification du produit : thème du message. Le propos — ce que l'on dit du thème — allait sans dire, ou mieux sans penser. Le discours publicitaire dispense l'enfant de la conquête du sens qui devient, aux deux sens du terme, hors de « propos ».

Une bonne part des jeunes adultes illettrés ont été massivement confrontés, pendant le temps même de leur apprentissage de la langue écrite et orale, à des situations dans lesquelles le message n'est ni un objet d'investigation ni un espace de découverte. Ils ont été conviés (ou confiés) dès le plus jeune âge à des messages-spectacles dont la signification est immuable mais qui offre au regard et... parfois à l'esprit un espace de jeu et parfois de plaisir : comment s'étonner qu'au rendez-vous de ces messages-spectacles ces enfants aient été constamment fidèles, à la fois passifs et heureux, libérés du devoir de comprendre ?

Y a-t-il une loi des séries télévisuelles ?

Outre les messages publicitaires, que dire de la production télévisuelle en général ? En d'autres termes, les spots publicitaires constituent-ils des îlots de repos et de jeu dans un flot d'informations stimulantes et exigeantes ou bien, au contraire, ces messages généreusement dispensés, sont-ils les marques représentatives d'une production audiovisuelle tout entière vouée au banal, au prévisible et au précompris ?

Prenons l'exemple récent des sagas qui, d'abord sur M6 puis sur toutes les autres chaînes, nous proposent en deux, voire trois épisodes consécutifs, de suivre la vie aventureuse d'une héroïne, d'une famille... Tous les ingrédients sont réunis pour nous entraîner dans une série de rebondissements et de péripéties qui sont censés nous tenir en haleine des heures durant. Pour mieux nous dissuader de quitter la saga au moment du changement d'épisode (après une heure et demie environ), les producteurs ont recours à un artifice stupéfiant : ils nous livrent à l'aide d'un certain nombre d'images clés les événements essentiels de la partie suivante. En l'occurrence, il ne s'agit pas de simples allusions mais d'une présentation complète et organisée de ce que l'on sera invité à regarder ensuite. La production télévisuelle de fiction propose ainsi de façon délibérée et systématique un schéma sémiologique qui positionne la compréhension *avant* la perception du message filmique. Ce schéma obéit à la même logique que celui qui fonde la construction du message publicitaire :

comprendre avant d'identifier les indices que le message contient. C'est ce même schéma — sous une forme moins effrontément évidente — qui se trouve à l'œuvre dans la plupart des séries américaines (ou françaises) où aucun doute ne plane jamais sur la distribution des bons et des méchants, sur le lieu, l'époque où se passe l'action, ni enfin sur la succession éminemment prévisible des événements.

La télévision dissuade-t-elle de lire ?

Comprenons-nous bien ! Ce n'est pas le médium télévisuel en lui-même qui se trouve ici mis en cause. Il ne s'agit pas de déplorer la perte d'un temps passé devant le petit écran, et qui pourrait « utilement » être consacré à lire. La question est bien plus grave : la grande masse de la production télévisuelle impose un modèle de relation au sens qui est en contradiction formelle avec celui qu'implique la lecture. Lire, ou plutôt oser lire, c'est avoir *le courage d'affronter l'inconnu*. Ouvrir un livre déclenche à la fois l'excitation et l'anxiété ; excitation à la perspective de découvrir et d'apprivoiser le monde d'un autre ; anxiété parce que la conquête et la découverte ne sont pas d'emblée assurées de succès. À mesure que l'on avance dans sa lecture, on est amené à faire des hypothèses ; elles sont confirmées (souvent), infirmées (parfois) par la suite du texte. Mais rien n'est jamais absolument sûr ; il y a toujours dans l'acte de lire une part de risque à assumer. C'est justement cette capacité à prendre un risque sémiologique — le risque de ne pas comprendre ou de comprendre mal — qui se trouve écartée par les comportements intellectuels générés par la production fictionnelle et promotionnelle de la télévision. Un individu qui, depuis l'enfance, a été soigneusement persuadé qu'il n'existe de messages dignes d'intérêt que ceux dont les clés du sens sont livrées au départ, entrera dans le texte (et notamment dans un texte long) à reculons : le regard non pas tourné vers l'éblouissante lumière du sens à atteindre mais fixé avec regret vers celle, plus terne mais rassurante, d'un monde où le plaisir *du* sens se confond avec le plaisir *des* sens. Cette réflexion nous conduit à questionner le concept de plaisir. Le plaisir de lire n'est pas un droit garanti par convention collective, il est d'une tout autre nature que le plaisir du spectacle télévisuel. Le plaisir de lire se gagne, il est le résultat d'un engagement réciproque, d'un corps à corps où le texte défend ses droits et le lecteur ses désirs. Le spot publicitaire, comme la série télévisuelle, dispensent le spectateur du « travail » de compréhension. Ils adressent à l'œil et à l'ouïe du téléspectateur ravi uniquement des signes de confirmation, jamais d'interrogation : confirmation de prévisions qui ne sont pas le fruit de subtiles déductions élaborées à partir d'indices soigneusement rassemblés, mais au contraire pré-visions bien assises sur une vision préalablement proposée des événements. L'univers sémiologique que nous fabrique une part importante de la production télévisuelle invite au plaisir, fade mais réel, né de l'illusion que les événements obéissent ou du moins correspondent sinon à nos désirs, du moins à nos prévisions. En ce monde incertain, dans lequel peu de gens savent de quoi demain (ou tout à l'heure) sera fait, qui refuserait ces moments de tranquilles certitudes ? Sachons cependant que cet univers dissuade de toute entreprise de conquête et de découverte, détourne de tout processus d'investigation et de questionnement ; en cela, il s'oppose fortement et insidieusement au monde du lire ; sauf si bien sûr on se limitait à ne lire que les versions écrites des sagas ou des séries télévisuelles, asservissant ainsi l'écrit au modèle dominant et signant par là même notre arrêt de mort sémiologique.

Il serait exagéré de faire de la télévision en tant que médium un des boucs émissaires de l'illettrisme. Les modèles pernicieux dont nous avons dénoncé le danger ne sont pas ceux qu'impose la totalité de la production télévisuelle ; ils ne sont pas directement induits par la nature du médium. Il existe — à des heures certes bien tardives — quelques « concessions » où l'information est encore à conquérir, le sens encore à construire. Mais comment ne pas être inquiet devant la volonté clairement affichée des producteurs de faire de la pré-visibilité le principe obligé de la communication ? Rappelons-nous ce que Silvio Berlusconi disait en portant « La Cinq » sur les fonts baptismaux : « Je veux faire une télévision de l'attendu. » Cette phrase ne signifiait pas qu'il entendait concevoir une télévision correspondant aux attentes des téléspectateurs. Il voulait parler d'un univers télévisuel dans lequel le sens ne serait en aucun cas l'enjeu d'une quête, le résultat d'un questionnement.

Nous ne demandons pas que la production télévisuelle dans sa totalité exige des téléspectateurs un comportement intellectuel de recherche ardue du sens ; un médium de masse ne peut comme on le dirait aujourd'hui — « prendre sans arrêt la tête ». Mais on aimerait que les chaînes généralistes, privées et publiques, veillent à un meilleur équilibre entre l'invitation à la passivité et l'incitation à la conquête du sens. La « prise de tête » systématique est certes à exclure ; mais sachons qu'une tête jamais prise — c'est-à-dire définitivement dispensée du devoir de construction du sens — a bien peu de chances de se pencher sur un livre.

Nous avons décrit (p. 25) la façon de lire des illettrés : une grande partie d'entre eux ne prennent en compte que quelques-uns des mots du texte (1 sur 20 environ) ; ils fournissent sur cette base fragile une histoire complète, mais sans réelle relation avec le texte. Dans bien des cas, il est apparu que le contenu des histoires proposées se fonde sur les stéréotypes des séries télévisuelles. Ces fictions, cent fois rabâchées, semblent ainsi constituer une réserve de synopsis préconstruits dans laquelle viendrait puiser celui qui ne peut découvrir *dans* le texte les clés de la mise en sens. En somme cette télévision de l'attendu et du prévisible, non contente d'installer des comportements intellectuels incompatibles avec une quête respectueuse du sens des textes, fournit du sens préfabriqué propre à combler le vide sémantique qu'elle a elle-même contribué à créer.

L'image sonne-t-elle le glas de l'écrit ?

On entend dire parfois avec nostalgie, parfois avec satisfaction, que l'écrit est en perte de vitesse tandis que l'image est en passe de le supplanter bientôt comme outil de communication. En d'autres termes, les moyens modernes de transmission de l'image à distance rendraient obsolète le vieux médium que l'homme inventa lorsqu'il fallut que le message défie l'espace et le temps. On a tendance à opposer l'écrit à l'image : les uns vantent de l'icône le caractère immédiat et l'aspect non ambigu ; les autres voient dans l'écrit le seul moyen légitime de l'interprétation humaine du monde. Peut-on dire qu'aujourd'hui, l'image pousse l'écrit hors de la communication sociale, le contraignant à prendre sa retraite culturelle et éducative ? Peut-on soutenir que l'image omniprésente constitue un allié objectif de l'illettrisme en se présentant comme une solution ne nécessitant pratiquement pas d'apprentissage et fort peu d'effort de mise en sens ? L'image a-t-elle, au contraire de l'écrit, un caractère universel qui transcende les clivages linguistiques ?

Il me revient en mémoire une aventure intéressante qui nous arriva en Haïti alors que nous préparions en tant « qu'experts » (c'est ainsi que l'on nous nommait) les premiers livrets d'alphabétisation en langue créole. Nous avions décidé tout naturellement d'appuyer les premiers apprentissages du code écrit sur des dessins représentant des objets ou des scènes de la vie quotidienne de la campagne haïtienne. Saisis d'un doute peu compatible d'ailleurs avec notre statut d'expert — nous fûmes quelques-uns à vouloir aller tester hors de la capitale de Port-au-Prince un certain nombre de ces images [2]. Nous partîmes donc un beau matin pour Côtes-de-Fer, un village situé à quelque dix heures de Port-au-Prince. Nous présentâmes individuellement à une cinquantaine de paysans vingt images représentant aussi fidèlement que possible des objets concrets appartenant à leur entourage immédiat. Devant chaque image, nous demandions simplement de quoi il s'agissait. Une grande majorité des personnes interrogées furent incapables d'identifier plus de trois images sur les vingt présentées. Six d'entre elles, à notre grande stupeur, nous proposèrent, pour toutes les images, l'interprétation « Ti Jean-Claude ». Nous apprîmes par la suite auprès du chef du village qu'un hélicoptère avait survolé le village, un an auparavant, lançant des portraits de Jean-Claude Duvalier : il s'agissait là de la seule image qu'ils eussent jamais vue et de ce fait, ils donnaient à n'importe quelle représentation iconique une seule et unique signification : celle du jeune dictateur — ce qui eût certainement flatté sa mégalomanie s'il s'était jamais intéressé aux communautés paysannes autrement que pour les affamer. Cette expérience apprit au jeune chercheur que j'étais que l'identification d'une image, si figurative puisse-t-elle être, n'a rien de naturel, rien à faire avec le bon sens universellement partagé. Une image, si simple soit-elle, exige que l'on *découvre* sa signification ; elle n'est pas la représentation « aplatie » d'un petit bout du monde : une image propose des indices d'identification et d'interprétation qu'il convient de saisir et d'organiser

2. Une pensée amicale et affectueuse à Gabriel Tarlé, IEN à Bergerac, compagnon fidèle de ces aventures éducatives.

pour parvenir à la comprendre. Il faut savoir qu'un enfant apprend à décoder des images comme il apprend à décoder un message : grâce à la médiation attentive des adultes — à cette différence près (et elle est de taille) que le rapport de l'image au réel est motivé alors que celui du mot à sa référence est arbitraire. Donc l'image s'apprend ; de la plus simple à la plus complexe, de la plus dépouillée à la plus contextualisée. Sa signification ou plutôt ses significations se dévoilent à travers des stratégies de découverte parfois fort complexes. Leur maîtrise exige un apprentissage qui est aujourd'hui considérablement négligé parce que l'on a l'illusion que comprendre une image est chose naturelle, quasi innée. Cette erreur considérable exclut de la véritable communication iconique un très grand nombre d'individus qui se trouvent limités aux interprétations les plus stéréotypées et à la référence la plus immédiate. Loin d'opposer l'image et l'écrit, il convient bien au contraire de les associer face *au même danger* : celui de l'affaiblissement des capacités de mise en sens ; l'incapacité plus ou moins grande de conquérir le sens d'un texte, tout comme l'impossibilité d'élaborer la signification d'une image constituent un handicap culturel et social ; il exige qu'un combat pédagogique de même nature soit mené dans l'un et l'autre cas.

L'illettrisme a-t-il engendré une culture nouvelle ?

Cette question s'impose à la lecture çà et là dans la presse, sous la plume d'hommes fort lettrés, de quelques textes dans lesquels on se demande si finalement en renonçant au lourd héritage de l'écrit on ne retrouvait pas une innocente curiosité, un sens de l'essentiel dégagé de la poussière livresque. Ces articles se demandent même si la créativité ne s'épanouit pas mieux, plus librement lorsqu'elle est débarrassée des chaînes de la lecture et de l'écriture ; on s'extasie sur les procédés — ô combien pittoresques et astucieux ! — que ces exclus de l'écrit inventent pour se débrouiller dans certaines situations ; on magnifie enfin les productions musicales de tel ou tel groupe de rap pour laisser entendre qu'une culture nouvelle (postmoderne ?) est en train de naître loin des ombres séculaires de l'écrit, s'épanouissant enfin au soleil de l'oralité.

Rappelons à ces beaux esprits — dont certains n'ont pas craint de chanter les louanges d'une « dyslexie libératrice » — que l'illettrisme cristallise l'ensemble des détresses culturelles, sanitaires et économiques. À côté de quelques beaux textes de rap — souvent écrits d'ailleurs par des lettrés — la plupart des illettrés manifestent une poignante pauvreté du verbe, un terrible handicap à mettre en mot leur pensée et qu'enfin c'est la honte rentrée, la souffrance cachée, qui accompagnent les illettrés dans leurs pérégrinations administratives et leurs actes les plus quotidiens. En aucun cas l'illettrisme n'engendre une oralité triomphante. Il existe des civilisations de l'oralité aux magnifiques traditions culturelles qu'elles perpétuent et font évoluer des siècles durant par le seul usage de la parole. Ce sont des peuples dont la langue orale a intégré la fonction de mémoire, de conservation et de mise à distance. Tel n'est pas le cas des individus illettrés ; même si la détresse économique et sociale les constitue en groupes sociaux, ils subissent chacun la solitude et l'enfermement qu'induit une tragique faiblesse du verbe. La rupture avec l'écrit les contraint à entretenir une relation au monde fondée sur l'immédiat et l'éphémère. S'ils sont infiniment respectables en tant qu'individus, l'illettrisme qui les accable ne l'est en aucune façon et ne génère aucune forme de culture dont puisse s'enorgueillir notre patrimoine national.

4. L'EXCLUSION PRODUIT-ELLE L'ILLETTRISME (ET VICE VERSA) ?

Les analyses que nous avons menées sur quelque 60 000 jeunes adultes montrent à l'évidence que l'illettrisme est en corrélation avec bien des déficiences physiques et psychologiques, ainsi qu'avec l'ensemble des détresses économiques et sociales. Est-ce à dire qu'un faible QI condamne irrémédiablement à l'illettrisme ? qu'une santé déficiente y mène fatalement, de même qu'y conduirait inéluctablement une forte précarité socio-économique ? Rien ne fonde de telles affirmations. Si l'illettrisme est solidaire de la plupart des détresses sanitaires et sociales, il n'en est évidemment pas la conséquence directe ; il n'en est pas nécessairement non plus la cause. Mais il les accompagne souvent, les aggrave et les pérennise.

Beaucoup ont cru pouvoir isoler *le* facteur physiologique ou psychologique qui déterminerait l'illettrisme : les uns avec le fol espoir de modifier par une « intervention » précise et définitive le cours d'un apprentissage inéluctablement voué à l'échec ; les autres avec l'idée perverse que l'on pourrait ainsi ranger l'illettrisme au rang des maladies incurables, des tares irrémédiables auxquelles il suffirait d'apporter, en toute bonne conscience, un traitement social décent.

Un QI faible annonce-t-il l'illettrisme ?

Nous ne nous attarderons pas sur la rigueur scientifique des tests d'intelligence, largement intuitifs et sans validation sérieuse. Mais puisque l'on a pris l'habitude sociale de classer la population à l'aide des ces instruments critiquables, en catégories hiérarchisées, examinons les relations entre les Quotients d'Intelligence et les capacités de lecture. Si une intelligence élevée était une condition nécessaire pour maîtriser la lecture, il devrait alors être impossible de trouver de bons lecteurs parmi les QI faibles ; or il a été démontré que des enfants de faible quotient intellectuel étaient tout à fait capables d'apprendre à lire et lisaient plus tard de façon tout aussi satisfaisante que des enfants de QI élevé [3]. Ce constat est d'autant plus important que l'on a cru, sur une telle base, pouvoir définir qui était dyslexique et qui ne l'était pas : seraient dyslexiques ceux qui, ayant un QI élevé, auraient malgré cela des performances faibles en lecture. Les QI peu élevés associés à de faibles performances en lecture ne seraient alors pas considérés comme dyslexiques mais comme « peu aptes intellectuellement à apprendre à lire ». On perçoit bien les dangers d'une telle définition : les enfants défavorisés, ayant peu d'accès à la culture et par là même affublés d'un QI faible, ne seraient pas identifiés comme dyslexiques et se trouveraient donc écartés des réseaux d'aides et de soins.

On observe cependant que la relation entre le Quotient Intellectuel et la capacité de lecture est plus forte chez les adultes illettrés que chez les enfants. Ceci ne démontre pas que l'illettrisme est l'aboutissement « normal » d'un parcours d'apprentissage voué à l'échec par la faute d'une intelligence insuffisante. Il paraît plus juste et plus sérieux de faire l'hypothèse inverse : l'illettrisme privant un individu de l'exercice régulier et diversifié de la lecture, l'empêche de développer ses savoirs et le prive de la maîtrise des procédures d'accès à l'information ; il le rend ainsi « faiblement intelligent », c'est-à-dire peu apte à passer les tests de mesure d'intelligence.

3. L.S. Siegel, « Evidence that IQ scores are irrelevant to the definition of reading hability », *Canadian Journal of Psychology*, 1988.

Est-ce que l'illettrisme est une maladie ?

Dans la même perspective, des précautions s'imposent quand il s'agit d'analyser l'hypothèse selon laquelle il existerait chez les lecteurs déficients des anomalies spécifiques d'ordre neurologique. Un certain nombre d'observations convergentes effectuées lors de la dissection de cerveaux d'individus ayant souffert de difficultés de lecture se trouvent renforcées par la mise en évidence par imagerie médicale de circuits cérébraux particuliers apparemment propres aux illettrés. On a ainsi accrédité l'idée que l'on pouvait identifier l'anomalie responsable de la dyslexie ou de l'illettrisme, rectifier les dysfonctionnements et soigner ainsi le « mal de lire ». Cette démarche est illusoire et dangereuse. Il me paraît plus juste de penser que les anomalies identifiées ne sont en rien la cause de l'illettrisme mais bien plutôt sa *conséquence*. Puisque l'illettrisme est le fait d'une activité cognitive déviante, il serait tout à fait étonnant que cette déviance ne se manifeste pas dans l'activité cérébrale. En d'autres termes, ce que l'on a cru pouvoir identifier comme des anomalies neurologiques empêchant un apprentissage satisfaisant de la lecture ne sont en fait que les marques visibles au niveau cérébral de comportements erronés de lecture. Ce n'est pas dans le cerveau des illettrés que l'on découvrira les causes de leur handicap, c'est plutôt dans un parcours d'apprentissage privé de réelle médiation, un parcours ponctué d'attentes déçues et de questions restées sans réponses ; un parcours qui débouche sur un malentendu fondamental avec la langue et avec les autres.

S'il est vrai que des études sérieuses ont montré que les lecteurs déficients avaient plus souvent que les autres des parents présentant un handicap du même type, on ne peut conclure à l'hérédité et prétendre que le fait d'avoir un père ou une mère déficient hypothéquerait nécessairement toute chance de suivre un apprentissage harmonieux de la lecture. On constate en effet qu'il existe beaucoup d'enfants nés de parents lecteurs déficients qui deviennent d'excellents lecteurs. Dans les cas reconnus où la déficience en lecture touche parents et enfants, ce n'est certainement pas dû à la transmission d'un « gène de l'illettrisme » ; c'est plutôt à un modèle déviant de lecteur, à une médiation familiale particulièrement perturbée et à un contexte culturel terriblement appauvri que l'on doit relier cet illettrisme « familial ».

L'illettrisme n'est pas assimilable à une maladie, sauf à étendre le sens de ce mot à des dysfonctionnements d'ordre culturel et social. Il faut repousser avec force les propositions farfelues et à la limite du charlatanisme que l'on voit fleurir dans certains articles de magazines mais parfois aussi dans les revues les plus sérieuses. Dans son excellent livre *L'Art de lire*, José Morais en dresse un catalogue impressionnant dont je ne résiste pas au plaisir de citer les exemples les plus intéressants : en 1981, un médecin présente les résultats d'une enquête « solide et incontestable » prônant que l'administration de doses élevées de vitamines avait permis de soigner des difficultés de lecture d'un nombre important d'enfants. On s'aperçut par la suite que les résultats de l'étude avaient été obtenus par simple enquête téléphonique. En 1980 A.N. Levinson a cru trouver la solution des troubles de la lecture dans la prise régulière d'antihistaminiques ; rien n'est venu confirmer valablement cette proposition. Aujourd'hui, nous dit José Morais », « la mode est plutôt au Piracetam, un nootropique en vente dans 85 pays, essentiellement pour améliorer les troubles de mémoire des personnes âgées » ; en Belgique, la sécurité sociale rembourse depuis 1989 un médicament à base de Piracetam pour le traitement de la dyslexie. Or les études sérieuses menées en 1991 [4] ne permettent pas de conclure que les groupes de

4. P.T. Akerman & Alli, « A trial of Piracetam... », *Journal of Learning Disabilities*, 1991.

lecteurs déficients traités au Piracetam font des progrès plus importants en lecture que les groupes placebos.

Une santé précaire favorise-t-elle l'illettrisme ?

Les analyses des données que nous avons recueillies sur près de 60 000 jeunes adultes montrent très clairement la relation qui existe entre l'état de santé des personnes testées et leurs performances en lecture. Ainsi parmi l'ensemble de ceux qui jouissent d'une excellente santé, seuls 5 % appartiennent au groupe des analphabètes, alors que 14 % de ceux qui souffrent de problèmes de santé de gravité moyenne n'ont aucun accès à l'écrit. Inversement, les individus en bonne santé sont pour 45 % d'entre eux de bons lecteurs, alors que 30 % seulement de ceux qui connaissent des problèmes de santé lisent convenablement. Il faut interpréter cette corrélation avec beaucoup de prudence. Rappelons-nous que l'illettrisme est très fortement corrélé avec la situation économique et sociale d'un individu : pauvreté, emploi précaire sont le lot des illettrés. L'état sanitaire fait partie du même ensemble de détresses qui s'accumulent sur l'illettré : encore une fois, elles ne sont ni la cause ni le résultat direct d'un rapport déficient à l'écrit : elles l'accompagnent et en deviennent par là même moins supportables et plus durables. Est-il nécessaire de souligner combien il est difficile d'obtenir un accès aux soins médicaux lorsque l'écriture et la lecture font défaut ? de rappeler combien la relation au soignant devient délicate lorsque la Langue elle-même vient à manquer ?

Dans le cadre de notre étude sur l'état de santé des jeunes adultes illettrés, nous avons accordé une attention particulière aux problèmes de vision et d'audition et à leur influence sur les performances de lecture. Les examens de vue et d'ouïe ont permis de classer les 60 000 individus testés sur deux échelles comportant chacune six degrés :

les degrés 1 indiquent une excellente vue ou une très bonne audition, les degrés 6 une quasi surdité ou cécité. Nous n'avons retenu que les difficultés moyennes de vision et d'audition ; nous n'avons donc pris en compte que les individus appartenant aux degrés 1, 2, 3 qui représentent plus de 90 % des jeunes gens testés. On remarque que les difficultés de vision et d'audition vont de pair avec les difficultés de lecture : si une excellente vue et une très bonne ouïe ne sont pas un gage de bonne lecture, elles semblent du moins en constituer les conditions nécessaires puisque des difficultés moyennes dans les deux cas provoquent un doublement ou un triplement de l'analphabétisme. Lorsque l'on examine les résultats de plus près, on s'aperçoit que les déficiences visuelles d'une part, les déficiences auditives d'autre part n'affectent pas les capacités de lecture avec la même force ; ainsi si le nombre des analphabètes double entre les catégories 1 (excellente), 3 (problèmes moyens) de la vision, il triple entre les mêmes catégories en ce qui concerne l'audition. Lorsque l'on considère les bons lecteurs, on s'aperçoit que leur nombre augmente faiblement en fonction de la qualité de leur vision (de 36 % à 40 %) alors que la quantité de bons lecteurs s'accroît bien plus nettement (29 % à 41 %) lorsque c'est l'audition qui s'améliore.

D'après ces données, les *déficiences auditives* sont plus fortement et plus directement liées à l'illettrisme que les déficiences visuelles, et perturbent de façon plus décisive et plus durable l'apprentissage de la lecture. Cette observation souligne l'importance primordiale des capacités d'analyse des sons dans l'apprentissage de la lecture : c'est la conception la plus généralement partagée par la plupart des chercheurs sérieux. Aucune étude rigoureusement menée n'a réussi à montrer que les lecteurs déficients souffraient d'un trouble visuel spécifique alors que la plupart ont des difficultés à identifier et à distinguer des sons. Cela ne signifie pas qu'il importe peu de bien voir ou pas lorsque l'on apprend à lire : une acuité visuelle amoindrie constitue évidemment un obstacle ; il convient de l'identifier et d'aider à le surmonter. Mais on doit reconnaître que pour leur part, les déficients auditifs présentent presque toujours des retards très importants dans leur apprentissage de la lecture. Comme l'indique José Morais (*op. cit.*), « ces retards sont dus à l'insuffisance d'expérience auditive de la parole qui perturbe, voire inhibe le développement des codes phonologiques indispensables à la compréhension du langage aussi bien parlé qu'écrit ». Dans leur grande majorité, les résultats des recherches actuelles montrent de façon convergente que l'identification des mots est une condition nécessaire à l'apprentissage de la lecture. Lorsqu'un enfant apprend à identifier les mots, il s'appuie sur une reconnaissance des relations qui lient des lettres aux sons qu'elles représentent. Les difficultés auditives même de gravité moyenne qui affectent l'identification des sons, leur discrimination et leur prononciation constituent un obstacle majeur pour l'apprenti lecteur : elles exigent donc d'être détectées le plus précocement et le plus précisément possible.

L'illettrisme est-il un obstacle majeur à l'insertion ?

Les études que nous avons menées sur différentes populations montrent sans conteste que la situation sociale et économique est en très forte corrélation avec l'illettrisme : la pauvreté, le chômage, les conditions de vie accompagnent de façon constante l'illettrisme chez les jeunes adultes et chez les moins jeunes.

Ainsi parmi les jeunes adultes (18 à 25 ans) dont nous avons évalué les performances en lecture, on compte près de trois fois plus d'analphabètes chez les chômeurs n'ayant eu aucune expérience professionnelle que chez ceux qui bénéficient d'un emploi. Dans la population de jeunes chômeurs, 36 % seulement sont de bons lecteurs alors qu'ils constituent 80 % de la population générale.

L'enquête que nous avons menée sur un échantillon représentatif d'allocataires du RMI est encore plus accablante : 45 % des personnes qui n'ont jamais travaillé sont illettrées ; les chiffres tombent à 20 % pour celles qui ont eu un travail stable. 43 % des personnes vivant une situation d'instabilité d'habitat sont illettrées contre 4 % seulement pour celles qui ont un habitat stable.

Ces détresses sociales et professionnelles ne sont cependant pas les causes directes de l'illettrisme : on n'est pas illettré parce que l'on est pauvre, on n'est pas illettré parce que l'on est chômeur. Par contre, ce qui apparaît très clairement c'est que la sévérité de la pauvreté et la durée du chômage sont beaucoup plus importants chez les illettrés et vont croissant avec le degré d'illettrisme. En d'autres termes, plus profond est l'illettrisme, plus graves et plus longues sont les détresses économiques et sociales. L'illettrisme se présente comme un obstacle majeur auquel se heurtent nécessairement les démarches d'insertion culturelles et sociales.

Les entretiens menés avec des jeunes et des moins jeunes montrent combien il est difficile pour un individu en difficulté sérieuse de lecture de sortir la tête de l'eau.

> Paul B., 27 ans, allocataire du RMI depuis un peu plus d'un an, est titulaire d'un CAP. Il a été évalué comme lecteur limité à la lecture de phrases simples. Lors de l'entretien il nous dit qu'il ne pense pas avoir de problème pour lire mais uniquement pour écrire. « ... Bon, moi je lis jamais de bouquins, un peu le journal quoi, les titres et puis des fois les pages du tiercé avec les copains... Je me retrouve coincé comme ça ! Parce que bon d'abord moi je peux pas bien m'expliquer, l'autre fois je vais voir pour une

place dans un restaurant et le patron il me dit comme quoi je sais pas parler aux clients... Une fois aussi, on m'a envoyé pour un stage, un truc de comptabilité. Bon moi j'étais content ; j'y vais ; on me donne direct des feuilles à remplir ; bon j'ai commencé par dire que j'avais mal à la main et puis je me suis barré quoi. D'abord les mecs ils venaient tous avec des bouquins et moi, c'est pas possible quoi ! »

Nicole M., 42 ans, allocataire du RMI depuis trois ans et demi, sans diplôme, a quitté le système scolaire à 14 ans en classe de sixième. Elle a été évaluée comme une lectrice limitée à l'identification de mots isolés. Elle nous affirme elle aussi n'avoir pas de très grands problèmes de lecture. « Moi je faisais le ménage dans un théâtre et alors de temps en temps je lisais des trucs sur les programmes et sur les affiches ; et puis je parlais aux gens. Ça va faire six ans que c'est fini ça ; plus de travail, on a fermé et moi avec mes deux gosses, et sans rien. Bon alors je fais des ménages, je me débrouille... Pour lire, ben non je lis pas, je regarde la télé quand je peux, ça repose un peu et puis mes deux garçons, ils aiment bien ça la télé... Non ! c'est vrai qu'ils lisent pas ; en tout cas je les vois pas moi et ils amènent pas de livres à la maison. Sauf le plus grand qui est mécano au garage ; il amène des fois des listes, des registres, des trucs de voitures quoi !... Moi, il y a deux ans on m'a donné un stage, c'était pour apprendre la vente, le commerce quoi... le premier jour on nous a donné des listes de trucs et puis des adresses et des chiffres et puis il fallait les mettre ensemble. Moi j'arrivais pas bien c'était trop long et alors au bout de trois, quatre jours je suis plus revenue. »

Nous avons recueilli et analysé des centaines de témoignages de ce type. Dans la plupart, on constate que l'on a rarement pris en charge la détection et la remédiation de l'illettrisme et que les propositions de formation et d'insertion se sont révélées peu efficaces, parfois même peu sérieuses. Il est remarquable que sur l'ensemble des allocataires du RMI évalués comme illettrés profonds, près de 40 % considèrent n'avoir que des difficultés légères, voire aucune diffficulté en lecture (ce pourcentage tombe à 22 % pour l'écriture). Dans le même ordre d'idées, les agents sociaux qui accueillent ces personnes en grave difficulté de lecture ne parviennent à détecter leurs lacunes que dans une proportion de 1 sur 3, et d'ailleurs avec une très grande approximation. Les populations en risque ou en situation d'exclusion exigent des dispositifs systématiques qui permettent un repérage précis de leurs capacités de lecture et d'écriture autorisant une orientation lucide vers des perspectives adaptées de formation et d'insertion professionnelles. Il paraît particulièrement irresponsable de « balancer » sur des stages de formation exigeant un certain niveau de maîtrise de l'écrit des individus gravement illettrés : on imagine à quel point cela peut être humiliant et décourageant pour la plupart d'entre eux. Aujourd'hui un choix s'impose : ou bien on considère que l'insertion constitue un enjeu social prioritaire et il faut alors que ce processus prenne en compte la question de l'illettrisme avec sérieux, rigueur et opiniâtreté ; ou bien l'insertion n'est qu'un mot d'appel et d'exhortation rejoignant dans les mêmes discours convenus les concepts de solidarité, de cohésion nationale, d'égalité des chances...

5. Y A-T-IL DES ANALPHABÈTES HEUREUX ?

Est-ce que l'alphabétisation constitue un danger ?

Nous avons, dans nos sociétés développées, le sentiment qu'il est pratiquement aussi naturel de lire et d'écrire que de parler. Ne pas pouvoir lire constitue une anomalie : on refuse avec raison que, dans nos sociétés d'écriture, certains soient, à des degrés divers, exclus de la relation aux textes et documents. Souvenons-nous cependant que les premières traces de l'écriture humaine sont relativement récentes. Les tablettes sumériennes comptabilisant les catégories d'hommes et de bêtes datent de 6 000 ans environ et les premières traces d'un langage écrit articulé — c'est-à-dire combinant dans des configurations différentes des unités de base — apparaissent il y a moins de 4 000 ans.

En outre, sur notre planète, un milliard d'êtres humains âgés de 15 ans et plus vivraient, selon l'Unesco, en dehors de toute relation avec l'écrit. Ce chiffre ne représente d'ailleurs pas, et de loin, la réalité qui est vraisemblablement d'au moins 50 % supérieure. Dans la plupart des pays en voie de développement, les statistiques, obtenues essentiellement par le biais des recensements, sont en effet très fortement sous-estimées.

Beaucoup d'entre ces hommes et femmes, qui ignorent la lecture et l'écriture, parlent des langues qui ne possèdent pas de code écrit, ils appartiennent à des civilisations de tradition orale et vivent cette oralité soit dans le cadre de communautés rurales très éloignées des centres urbains, soit au contraire dans l'extrême misère de bidonvilles situés à la périphérie des grandes métropoles. L'invitation et quelquefois l'injonction d'alphabétisation adressées à ces communautés se heurtent souvent à des obstacles quasi insurmontables engendrant parfois plus de problèmes qu'elles n'en règlent. Ces sociétés totalement ou partiellement de tradition orale possèdent leurs propres équilibres sociaux, culturels et économiques ; la mise en œuvre d'un processus d'alphabétisation y provoque des effets parfois redoutables, car elle procède d'une logique qui prend rarement en compte les réalités de vie et les aspirations de ceux à qui on l'adresse. Le plus souvent, on s'intéresse fort peu à la représentation que ces populations se font du savoir lire et écrire ; on se demande rarement quelle signification sociale elles attachent à ces pratiques nouvelles qu'on leur présente comme nécessaires. Pour les hommes venus révéler l'écrit, vivre dans l'oralité c'est vivre presque dans le péché, c'est quasiment avoir une part d'humanité en moins. L'acte d'alphabétisation — significativement appelé « campagne » d'alphabétisation — est conçu par ses promoteurs comme une remédiation, une remise en ordre, très rarement comme l'impulsion et l'accompagnement d'une progressive transformation individuelle et sociale. Pour avoir longtemps collaboré à des actions de ce type en Haïti et en Équateur, j'ai pu me rendre compte combien, malgré les meilleures intentions, les contenus et les formes du processus d'alphabétisation pouvaient parfois être en rupture avec les habitudes et les attentes de la communauté.

Deux exemples me reviennent à l'esprit qui illustrent bien les risques de décalage entre une situation mal analysée et des propositions trop pleines de certitudes.

Haïti, 1975. Dans un village que plus de dix heures de mauvaises pistes coupent de la capitale, nous tentons une expérience d'alphabétisation en langue créole. L'équipe pluridisciplinaire à laquelle j'appartiens est animée d'une claire volonté d'éviter au maximum les écarts entre les réalités communautaires et les contenus pédagogiques. Nous nous heurtons, depuis quelque temps déjà, à un échec massif dans l'apprentissage du calcul et plus spécialement de la numération ; rien n'y fait ! Ni l'utilisation des abaques, ni celle des graines de flamboyants. La solution émerge un jour au cours d'une réunion du conseil communautaire où l'un des responsables effectue oralement un calcul en utilisant la base douze. Comment ne pas y avoir pensé alors que — comme nous le savions — tous les groupements au marché se font par « lot », c'est-à-dire par douze éléments ? Plus tard, nous avons pu identifier les effets pernicieux entraînés par cette logique interne : la chaîne d'arpenteur avec laquelle les négociants mesuraient les champs dont ils achetaient la récolte sur pied avait, elle aussi, douze anneaux — tromperie permettant de diminuer la mesure du champ et donc de minorer le prix de la récolte. J'ai ainsi compris que si l'ignorance des pratiques traditionnelles empêche l'action pédagogique de prendre racine, renoncer à dépasser ces traditions conduit à accepter que se perpétuent certaines formes d'exploitation.

Équateur, 1980. L'équipe travaille dans une petite communauté Kitchwa des très hauts plateaux ; nous expérimentons une méthode d'alphabétisation en langue Kitchwa qui s'appuie autant que possible sur les habitudes sociales et les comportements intellectuels des participants. Au cours d'un bilan, nous nous apercevons que dans les trois centres d'alphabétisation le rythme et la durée des séances connaissent des variations extrêmement importantes. Prévues pour durer chacune environ une demi-heure, quatre fois par semaine, certaines séances s'étalent en fait sur deux à trois heures ; d'autres s'arrêtent au bout de cinq à dix minutes. L'enquête conduite auprès des moniteurs et des participants nous permit de comprendre la raison de cette apparente anarchie : pour les paysans Kitchwa, le principe même de durée est lié à l'accomplissement d'une tâche ; il leur était impossible de concevoir que l'on s'arrête de travailler au bout d'une demi-heure, simplement parce que l'on s'est fixé trente minutes de travail. La fin d'une séquence devait nécessairement correspondre au sentiment d'avoir accompli un parcours, d'avoir été au bout d'une tâche identifiable. Participants et moniteurs (eux-mêmes paysans ayant suivi une scolarité primaire) avaient ainsi redécoupé la méthode d'alphabétisation en fonction des bornes qui, selon eux, ponctuaient le début et la fin de chaque parcours-tâche. On ne s'arrêtait que lorsque l'on pouvait dire : « J'ai fini de faire ceci, j'ai fini d'apprendre à faire cela. » Cette liaison intime entre durée et accomplissement d'une tâche était d'ailleurs fortement *exploitée* (c'est le mot !) par les propriétaires des domaines alentour qui, cyniquement, rétribuaient les paysans à la tâche et non en fonction du temps de travail.

En quelle langue faut-il alphabétiser ?

Prendre en compte la situation existante dans une démarche d'alphabétisation implique que l'on analyse l'importance et la nature de l'écart qui sépare la langue dans laquelle s'expriment et vivent les populations concernées et la langue dans laquelle on se propose de les alphabétiser. C'est un problème qui se pose dans des termes certes différents, mais avec la même acuité dans le cadre d'une campagne d'alphabétisation en milieu de tradition orale et dans certaines actions de lutte contre l'illettrisme en pays industrialisé. La question générale à laquelle on se trouve d'emblée confronté est la suivante : *peut-on apprendre à lire et à écrire dans une langue que l'on ne parle pas ?* Pour ce qui concerne des individus qui n'ont jamais appris à lire et à écrire ou qui sont dans une situation très précaire de lecture et d'écriture, la réponse est non ! Il nous paraît plus que hasardeux de prétendre faire découvrir les mécanismes du code écrit et les modalités de son utilisation alors que la langue orale qui lui sert de base n'est pas maîtrisée. Certains soutiendront le contraire en citant l'exemple de tel ou tel individu qui, sans savoir parler espagnol, russe, chinois..., semble capable de lire certains textes et documents dans ces langues ; quand ces exemples ne suffisent pas, on appelle le latin et le grec ancien à la rescousse. Il s'agit là de situations très différentes de celles qui nous occupent ; en effet, ces individus sont tous déjà alphabétisés dans leurs langues maternelles respectives et souvent d'ailleurs d'excellents lecteurs : ils savent comment on apprend à lire et ils savent ce que c'est que lire. Ils n'ont pas à effectuer leur premier parcours d'apprentissage de la lecture. À tous ceux, enfants et adultes, qui entrent pour la première fois dans le monde de l'écrit, il nous paraît illusoire et dangereux de promettre la maîtrise de la lecture et de l'écriture d'une langue dont l'usage oral n'est pas maîtrisé.

Tant en Haïti qu'en Équateur, s'est posé le problème du choix de la langue dans laquelle devait s'inscrire le projet d'alphabétisation. En Haïti, la langue créole était la seule parlée dans les communautés rurales et périurbaines ; elle n'était pas écrite sauf dans quelques cercles intellectuels de la capitale. Être unilingue créole c'était donc vivre hors de tout contact avec l'écrit puisque le français était la langue de l'administration, du juridique et de l'école. En Équateur, les communautés paysannes dans lesquelles nous travaillions connaissaient une situation socio-linguistique analogue : le Kitchwa, langue de tradition orale, était pratiquement le seul idiome utilisé ; il ne possédait pas de forme écrite ; l'espagnol, pour sa part, constituait au plan national la langue officielle. Ce type de situation linguistique, héritée de la colonisation est celui que l'on trouve dans une grande partie des pays d'Afrique dont certains comptent d'ailleurs quelques centaines de langues orales différentes. Fallait-il apprendre à lire et à écrire dans une langue que ne parlaient pas les communautés concernées, directement en français en Haïti, directement en espagnol en Équateur alors que toutes les tentatives de ce type avaient toujours été des échecs lamentables ? Nous avons décidé de commencer par une première phase d'alphabétisation en langue maternelle : le créole en Haïti, le Kitchwa en Équateur. Ce choix nous était apparu comme le seul raisonnable et aujourd'hui encore, je reste persuadé qu'il s'agissait de la seule solution envisageable. Il impliquait cependant des enjeux dont nous n'envisagions pas l'importance et des contradictions dont nous ne soupçonnions pas la gravité.

Les autorités politiques locales manifestèrent vite quelque inquiétude : apprendre à lire et à écrire dans la langue parlée par la totalité d'une population, c'était mettre en cause le caractère dominant du français ou de l'espagnol qui, en Haïti comme en Équateur, constituaient, grâce aux domaines réservés (administration, justice, école...), des instruments puissants de discrimination sociale et culturelle. Parmi ces discours conservateurs, se fit entendre avec force la voix de ceux que je nommerai les « francophonistes [5] », lesquels en Haïti comme dans bien des pays d'Afrique dits francophones entretiennent l'illusion que le français est langue nationale alors qu'il n'est en fait utilisé que par une toute petite minorité de la population. Cette vision erronée engendre une politique de coopération à très courte vue et fait le lit de l'anglais qui joue — ou feint de jouer — le jeu d'une complémentarité avec les langues maternelles effectivement parlées.

Par ailleurs, le désarroi des populations analphabètes elles-mêmes surprit notre naïveté. Proposer aux paysans haïtiens ou équatoriens d'apprendre à lire et à écrire dans leur propre langue déclencha en fait plus d'inquiétude que d'enthousiasme. Ces populations n'ignoraient pas le rôle social décisif que jouaient respectivement le français en Haïti et l'espagnol en Équateur. Lors des réunions préalables à l'expérimentation, plusieurs participants nous

5. Néologisme créé sur le modèle des mots « trompettiste » et « illusionniste ».

firent part de leur crainte de s'enfermer encore plus dans un ghetto linguistique et social : apprendre à lire et à écrire en langue maternelle était ressenti comme une sorte d'officialisation de leur exclusion culturelle et sociale. Anxiété d'autant plus légitime que le système éducatif proposait parallèlement à leurs enfants une scolarisation en français et en espagnol. Il fallut donc définir pour la langue maternelle et pour la langue d'ouverture (français ou espagnol) des positions clairement complémentaires dans la démarche d'alphabétisation : un premier temps pédagogique initia à l'apprentissage de la lecture et de l'écriture en langue maternelle (créole ou kitchwa) et à la maîtrise orale de la langue d'ouverture (français ou espagnol) ; vint ensuite, et seulement ensuite, l'apprentissage de la lecture et de l'écriture en français ou en espagnol.

Les résultats probants obtenus dans les phases expérimentales en Haïti et en Équateur nous incitent à préconiser des stratégies analogues lorsque l'on a affaire en France à des populations analphabètes non francophones. On doit leur apprendre à lire dans la seule langue qu'ils connaissent, c'est-à-dire leur propre langue. Parallèlement on pourra les amener à parler et à comprendre le français. C'est la seule façon de dessiner un parcours de continuité menant à la lecture et à l'écriture de notre langue. Certains objecteront qu'il s'agit là d'un chemin bien long et d'une stratégie vraisemblablement bien coûteuse. C'est vrai ! Il serait plus facile de plaquer sur une méconnaissance totale de la langue française un apprentissage artificiel de l'écrit français ; il est toujours plus rapide de faire semblant plutôt que de faire vraiment ; mais dans ce cas, ne parlons plus d'intégration pour les populations peu ou pas francophones !

Faut-il sauver les peuples de l'analphabétisme ?

Une démarche d'alphabétisation est délicate et complexe : elle ne se résume pas (ce serait tellement plus simple) à fournir le mode d'emploi d'un code écrit et quelques exemples de son utilisation. Elle met en cause, dépasse et modifie certains comportements sociaux, certaines représentations, certaines procédures intellectuelles ; c'est une véritable mutation individuelle et collective qu'il faut tenter de gérer, et les dangers de rupture sont considérables. On a ainsi pu mettre en évidence combien certaines campagnes d'alphabétisation avaient accentué l'exode rural, contribuant ainsi à surcharger d'une population mal et peu alphabétisée le pourtour des grandes villes. Il faut comprendre à quel point le fait de commencer à connaître quelques rudiments d'alphabet engendre des illusions de promotion sociale : l'écrit, et notamment l'écrit d'une langue dominante comme le français ou l'espagnol, est, dès les premières lettres de son apprentissage, assimilé à un « passeport pour la ville ». Lors des enquêtes que nous avons menées en Équateur sur les attentes et les projets des communautés Kitchwa liés à l'alphabétisation, il n'était pas rare que de jeunes adultes analphabètes répondent qu'après le cycle d'apprentissage, ils voulaient être pharmaciens, docteurs et parfois plus modestement fonctionnaires. On a pu constater aussi que l'organisation même de l'alphabétisation devenait parfois un enjeu de pouvoir au sein de la communauté : qui dirigeait cette alphabétisation ? qui devait en bénéficier ? les femmes étaient-elles concernées ? les enfants y avaient-ils leur place ? La hiérarchie traditionnelle des pouvoirs risquait d'être profondément mise en cause par l'émergence de nouvelles élites. Les savoirs que dispense l'alphabétisation déséquilibrent souvent les pratiques communautaires traditionnelles : l'apprentissage du poids, de la mesure, par exemple, bouscule des habitudes de troc et d'échange de travaux. Des tensions parfois importantes apparaissent ainsi à l'intérieur de la communauté, des conflits parfois violents se déclenchent avec les groupes qui à l'extérieur utilisent la force de travail, fournissent les semences et achètent les récoltes.

Alors ? Faut-il suivre certains beaux esprits qui, par crainte des effets déstructurants de l'alphabétisation, conseillent au nom du respect dû aux traditions, aux pratiques et aux équilibres culturels et sociaux, de ne surtout pas intervenir ? Faut-il écouter ceux qui, abandonnant le masque de l'ethnologue objectif, prétendent que l'alphabétisation n'est pas seulement un passeport pour la ville mais bien une invitation à l'émigration ? En d'autres termes, en contribuant aux actions d'alphabétisation, on accentuerait le désir de venir vivre au sein de nos civilisations d'écriture. D'où l'émergence d'un discours écologico-nationaliste qui prône l'immobilisme et le statu quo !

Il ne s'agit pas, par le biais de l'alphabétisation, d'aller détruire l'ordre et la beauté primitive de petits paradis de l'oralité. L'analphabétisme est, même dans les contrées rurales très isolées, le compagnon de la misère et de l'exploitation. La question qui reste posée n'est pas de savoir *si* on doit donner à ces populations la lecture et l'écriture, mais *de quelle manière* on peut le faire pour éviter ruptures et bouleversements.

Deux principes nous paraissent essentiels : d'abord, il faut chercher à s'appuyer sur les habitudes et les comportements intellectuels existants pour les faire évoluer à travers l'alphabétisation ; dans l'exemple que nous citions (p. 105), notre réponse pédagogique fut de prendre appui sur l'habitude d'utiliser la base douze pour passer très vite à la numération en base dix. Ensuite, il est indispensable de laisser le temps à l'écriture de trouver sa place, de créer ses lieux d'utilisation individuelle et sociale. Le passage à l'écrit ne se décrète pas ; il est le résultat, souvent très lent, d'une transformation des pratiques, des croyances et des représentations.

Ce que je retiens de nos expériences, tant en Haïti qu'en Équateur, c'est que l'action d'alphabétisation a permis de mettre au jour, d'identifier et de dénoncer, souvent avec brutalité, des pratiques scandaleuses d'exploitation économique et des formes dangereuses de domination spirituelle. Cela suffit, à mon sens, à justifier des interventions certes maladroites, parfois intempestives mais sans aucun doute nécessaires.

Dans nos sociétés développées, l'approche de l'illettrisme doit s'inspirer des mêmes principes. Les jeunes adultes illettrés, a fortiori les moins jeunes, ne sont pas des enfants à qui il suffit de présenter les mécanismes et modes d'utilisation du code écrit : ils ont acquis des habitudes, des comportements intellectuels qu'il ne faut surtout pas ignorer. Leur vécu individuel et social constitue le point de départ indispensable de toute action efficace de lutte contre l'illettrisme ; il faut le reconnaître, l'analyser et le prendre en compte pour mieux le *mettre en cause* et le dépasser.

IV

L'école responsable ou coupable ?

L'analyse qui a tenté de révéler l'étendue et la profondeur de l'illettrisme dans notre société, nous conduit tout naturellement à tourner le regard vers l'École de la République. Gardons-nous de lui intenter un mauvais procès en l'accusant d'être la principale responsable de l'illettrisme en France. Cette accusation serait aussi injuste que d'exiger, par exemple, qu'elle règle la question du chômage des jeunes ou qu'elle restaure à elle seule les valeurs civiques et morales. Prendre l'École comme bouc émissaire, jeter les maîtres en pâture à une opinion publique inquiète, serait faire une triple erreur : méconnaître la complexité du phénomène de l'illettrisme, se tromper sur les véritables missions de l'École et occulter les carences et les erreurs des organismes qui ont, eux, pour seule mission de lutter contre l'illettrisme.

Cela étant, l'école est évidemment concernée par le devenir linguistique et culturel de ceux-là mêmes à qui elle a, durant de longues années, tenter d'inculquer savoirs et savoir-faire ? L'analyse de l'illettrisme questionne l'École, les démarches qu'elle met en œuvre et les contenus qu'elle sélectionne. Les résultats d'une telle analyse mettent en cause les priorités de cette institution et l'invitent à évoluer et à s'adapter à des réalités sociales et culturelles nouvelles. Si l'on ne peut demander à l'École de faire disparaître les inégalités individuelles et sociales et d'effacer les situations d'exclusion, on ne peut se résigner à ce qu'elle en soit le reflet fidèle. Sa vocation est d'essayer, dans la limite de ses contraintes, dans la mesure de ses moyens, d'amener des enfants à *donner sens culturel et moral au désordre et au tumulte de ce monde*. Son rôle est d'assumer au-delà des repliements et des clivages la tâche nécessaire de la transmission.

On attend aujourd'hui de l'École qu'elle forme des individus capables de s'adapter à une réalité culturelle et sociale complexe et peu prévisible dans ses mutations. Une telle perspective suppose qu'à l'entrée au collège tous les élèves disposent d'une gamme suffisante de moyens linguistiques et qu'ils sachent en user efficacement en fonction de situations identifiées et d'intentions définies. Flexibilité, adaptabilité, pertinence, autonomie, conquête et construction du sens sont, ou devraient être, les maîtres mots de l'École d'aujourd'hui.

Mais hors l'École ces mots sont souvent ignorés, incongrus, suspects parfois : on a montré comment le milieu familial dans certains cas ne sait pas, ne peut pas, ne veut pas assumer ce rôle essentiel de médiateur attentif, bienveillant mais exigeant, capable de transformer les échecs analysés de la communication en conquêtes nouvelles ; comment le monde médiatique privilégie obstinément les propositions les plus prévisibles, rendant ainsi superflus voire incongrus tout comportement de questionnement, toute démarche de découverte. Reste à l'École la tâche ingrate de conduire à un usage lucide et pertinent de la langue ceux-là mêmes dont est programmée par ailleurs l'insécurité linguistique.

Si nombre d'enfants, à l'heure d'entrer dans le monde de l'écrit, se trouvent dans l'incapacité de gérer efficacement la construction d'un message oral, c'est parce qu'on ne leur a pas appris à prendre en compte ce dont il parle et *celui* à qui il s'adresse ; les mêmes raisons expliquent les carences en lecture des élèves de sixième : s'ils sont peu à ignorer les mécanismes du code écrit, ils sont nombreux par contre à être incapables de forger des stratégies de lecture adaptées aux exigences de textes très différents.

C'est cette rigidité du comportement de parole et de lecture que nous retrouvons chez la plupart de nos jeunes adultes illettrés. Quoi d'étonnant ? En effet, par quel miracle auraient-ils échappé à la fatalité de l'insécurité linguistique ? *La probité et la flexibilité linguistiques ne sont pas automatiquement fournies avec les clés du code* : ces qualités se découvrent, se conquièrent, mais surtout elles se transmettent. C'est foncièrement la responsabilité de l'institution scolaire.

1. Le couloir vers l'illettrisme

Plusieurs ouvrages accessibles au plus large public [1] exposent les objectifs de l'école. Examinons par exemple les compétences qu'on entend développer au cycle 2 (grande section de l'École maternelle, cours préparatoire et CE 1) et au cycle 3 (CE 2, CM 1 et CM 2).

Au cycle 2... on aura acquis *un langage plus riche et plus structuré*, on saura *adapter sa parole au contexte*. Concernant la lecture, il faudrait à la fin du cycle (c'est-à-dire au CE 1) parvenir à une *reconnaissance automatique des mots*... À cette acquisition d'un bagage lexical, s'ajoute l'*identification des régularités syntaxiques les plus fréquentes*. Fort de ces capacités, l'enfant doit accéder non seulement à *la compréhension littérale de phrases variées et de textes simples*, mais aussi à *une compréhension plus fine d'informations non explicitées* dans le texte.

Au cycle 3, l'enfant saura *exposer, discuter, argumenter*.

1. Programme de l'École primaire, programmes de 6e, *La Maîtrise de la langue à l'École*, collection Savoir-Livre, CNDP, 1995.

Dans le domaine de la lecture... le *capital de mots augmentera* rapidement ; l'enfant devra *comprendre des récits de plus en plus longs, de plus en plus difficiles*... il fera une *exploitation intelligente des textes*... et saura *adopter des modalités de lecture qui conviennent à une situation particulière* (lecture sélective ou intégrale par exemple).

Voici le portrait précis du parfait lecteur de 8 ans et celui de son aîné de 11 ans qui se prépare à affronter le collège. Dans l'un et l'autre cas, la liste des performances attendues est clairement affichée : l'école déclare sa volonté de former, à la fin du cycle 2, des élèves maîtrisant les mécanismes fondamentaux de la lecture et à la fin du cycle 3 des lecteurs efficaces, polyvalents et autonomes. Juste ambition qui répond aux exigences, aujourd'hui considérables, de l'univers éducatif et plus généralement à celles de la vie professionnelle et culturelle.

Dans quelle mesure une telle ambition est-elle effectivement réalisée ? Pour répondre, il faut comparer les objectifs déclarés par l'École et les performances réelles des élèves. Une telle démarche permet d'échapper à la nostalgie tenace (c'était bien mieux avant !) et à l'optimisme forcené (le niveau monte !) auxquels nous conduisent fatalement certaines comparaisons sans intérêt ni rigueur entre les performances d'enfants d'aujourd'hui et celles de leurs arrière-grands-pères au même âge.

Les échoués du cycle 2

Une enquête [2] réalisée au mois de juin 1991 auprès de plus de 1 000 enfants de *grande section d'école maternelle* dans six circonscriptions différentes a permis de mettre en évidence les capacités langagières des élèves avant leur entrée au cours préparatoire.

2. Mémoire de DEA sous la direction d'Alain Bentolila, *Maîtrise du langage en grande section d'école maternelle,* par Pierre Bastin, 1991, Université de Paris V.

Trois aspects méritent d'être soulignés :

• Le bagage lexical de 9 % des élèves évalués est très nettement insuffisant.

• La maîtrise des constructions grammaticales est approximative pour 8,5 % d'entre eux.

• Enfin 11 % des enfants ont de réelles difficultés à prendre l'Autre en compte dans un acte simple de communication.

Il apparaît ainsi qu'un enfant sur dix arrive au cours préparatoire avec une maîtrise du langage oral qui ne lui permettra pas d'entrer sans rupture dans le monde de l'écrit.

Il n'existe pas d'évaluation nationale des performances en lecture des élèves de *cours préparatoire* et, d'une façon générale, peu d'enquêtes fiables ont été menées à ce niveau. Nous nous fonderons donc sur les résultats d'une évaluation que nous avons conduite auprès des 900 élèves d'une soixantaine de classes de cours préparatoire réparties dans toute la France. Des épreuves variées testant les différentes composantes du savoir lire ont été passées quatre fois dans l'année ; elles ont porté sur l'identification des mots fréquents, les capacités de décodage, la compréhension de phrases puis de petits textes. L'analyse des résultats a permis d'isoler un groupe de *7 à 8 %* d'élèves en très sérieuses difficultés à la fin du CP. À l'intérieur de ce groupe, plus des deux tiers ont été constamment en échec tout au long de l'année. En d'autres termes, à la fin du cours préparatoire, un enfant sur douze ne sait pas reconnaître des mots fréquents, ne peut pas effectuer des déchiffrements simples et a fortiori ne comprend pas une phrase de quatre mots.

Ces enfants passent pour la plupart *au CE1* où ils constituent dans chaque classe un groupe de 3 ou 4 élèves dont les profondes difficultés, faute de repérage et d'analyse précise, ne seront pas reconnues et spécifiquement traitées. Souffrant d'un très sérieux déficit dans le domaine du lexique, ils manquent littéralement de mots pour évoquer les objets, les êtres vivants mais surtout les faits et les processus ; échappe à leur langage tout ce qui n'est pas immédiatement perceptible dans l'univers restreint de la famille et du quartier. Parallèlement, le discours de ces élèves est peu structuré et dépourvu de connecteurs temporels et de liens logiques. Constitué d'une juxtaposition d'éléments, il n'est compréhensible que par un interlocuteur qui partage les mêmes références. Les insuffisances lexicales et syntaxiques à l'oral ont gravement handicapé ces enfants dans leur apprentissage de la lecture tant au CP qu'au CE1. Ajoutons-y un manque total d'intérêt pour la chose écrite, né sans doute d'une absence de modèles et d'exemples au sein de leur famille. Ils ne savent ni à quoi cela sert ni comment cela fonctionne. Et comme le disait une institutrice de CE1 : « Ils savent qu'ils doivent apprendre à lire pour faire plaisir à..., pour devenir grands..., mais ils ne perçoivent rien d'autre que l'obligation de cet apprentissage. »

Les échoués du cycle 3

Comment s'étonner des résultats inquiétants que nous livre la Direction de l'Évaluation et de la Prospective du ministère de l'Éducation à propos des élèves de *CE2* [3] ? 20 % d'entre eux sont dépourvus des compétences de base : ils ont du mal à reconnaître rapidement les mots courants et à déchiffrer les mots inconnus, ils éprouvent bien sûr de sérieuses difficultés à comprendre un texte simple.

L'évaluation que nous avons nous-mêmes menée en 1995 sur 5 000 enfants de CE2 de l'académie des Bouches-du-Rhône [4] nous donne des résultats assez

3. Claudine Peretti, « La mesure des difficultés des élèves en lecture », *Regards sur la lecture et ses apprentissages*, p. 155-163, Observatoire national de la lecture, 1995.

4. Observatoire de Marseille de la lecture, Direction scientifique Alain Bentolila et Jean Mesnager : 15 000 élèves de cycle 3 testés en 1994 et en 1995.

proches de ceux fournis par la DEP : près de 18 % des élèves ne maîtrisent pas convenablement les mécanismes fondamentaux de la lecture. Dans ce groupe, nous avons dénombré *8,5 %* d'élèves en profonde détresse de lecture : ils manifestent une complète incapacité à comprendre le thème général d'un texte narratif simple et court et à y prélever une information ponctuelle et explicite. Plus de la moitié de ces élèves a atteint le cycle 3 avec un ou deux ans de retard contre moins de 6 % pour les enfants bons lecteurs ; les redoublements n'ont donc rien arrangé, leur répétition n'aurait vraisemblablement apporté aucune solution satisfaisante.

Nous voici au *cours moyen*, à portée de vue du collège. Sur 5 000 élèves évalués dans les Bouches-du-Rhône tout au long de l'année de CM1, 18 % sont en moyenne difficulté et près de *8 %* sont en difficulté très grave. En CM2, 19 % des élèves sont en moyenne difficulté et plus de *10 %* en situation de profonde détresse. Pour ces déjà-échoués-du-système, l'identification des mots est loin d'être automatisée ; leur vocabulaire est extrêmement pauvre. Ils n'ont aucune conscience de la diversité des types de textes et sont évidemment incapables d'adapter leur lecture aux exigences spécifiques d'un texte narratif ou d'un énoncé de mathématique.

Donc à l'entrée au collège, *10 %* des enfants se trouvent en détresse profonde de lecture : un élève sur dix se trouvera certainement en échec scolaire majeur. À plus long terme, c'est, pour un citoyen sur dix, la promesse d'une exclusion culturelle et sociale. Ajoutons à cela le fait que 20 % d'enfants sont de médiocres lecteurs en sixième ; autrement dit chaque classe du collège comptera en moyenne *cinq* ou *six* élèves incapables d'autonomie et de polyvalence. Brutalement livrés à eux-mêmes dans la structure morcelée du collège, ces élèves vont s'enfoncer, année après année, dans le long couloir de l'illettrisme. Ils vont vivoter pendant quatre ou cinq ans sans tirer le moindre parti de leurs études, et l'institution les passera par pertes et profits. L'école primaire les a maintenus en survie sans vraiment parvenir à les remettre à niveau ; le collège les achève. Il y a là comme une espèce de scandale.

Dans de rares cas, on leur apportera un soutien plus ou moins adapté, on envisagera quelques solutions originales ; mais qui peut croire qu'un enfant qui, à 13 ans, bute encore sur des mots simples, ne maîtrise pas une syntaxe de base et ne tire aucun parti d'un texte élémentaire pourra, une fois devenu « grand », comprendre une lettre d'injonction des allocations familiales ou remplir la fiche d'observations que son employeur (s'il en a un) lui réclame ? Sur 100 élèves en difficulté en sixième, 94 % le sont encore en classe de troisième. Ils n'obtiendront pas leur brevet des collèges à une époque où le baccalauréat ne garantit plus rien. Une minorité d'entre eux, plus habiles dans des domaines pratiques, obtiendront un CAP parce qu'à la longue et, malgré des insuffisances notoires dans les matières générales, on considérera que somme toute, ils le méritent. Mais combien de jeunes trouvent aujourd'hui un emploi avec le seul CAP ?

Ainsi 10 % de nos enfants empruntent le long couloir de l'illettrisme qui, de la maternelle jusqu'en 3e, traverse l'École de la République. Ils ont toujours été en retard sur les compétences affichées. Ils ont souffert d'un déficit et d'une rigidité de langage à cinq ans ; ils ont acquis quelques aptitudes au décodage des mots à huit ans alors qu'il convenait de comprendre des textes simples ; ils sont difficilement parvenus à repérer quelques informations ponctuelles à douze ans quand on attendait qu'ils soient des lecteurs autonomes et polyvalents. Ils ont très tôt endossé le costume de l'échec et ne l'ont plus quitté. *10 enfants sur 100 vont à l'école pendant plus de dix ans et en sortent sans savoir lire un texte court et simple ; 10 autres peinent pour en tirer les informations les plus évidentes.*

Lorsqu'ils sortent de ce couloir où ils n'ont appris que la frustration, la rancune et le repliement, ils sont promis au ghetto et à l'enfermement linguistique. Ils ont déjà renoncé à exercer ce pouvoir propre à l'humain de transformer, quelque peu que ce soit, les autres et soi-même par l'exercice pacifique de la langue orale ou écrite. De la grande section de l'école maternelle jusqu'à l'âge de vingt ans, les chiffres s'inscrivent avec une constance têtue et effrayante : 8 à 10 % d'élèves puis de jeunes adultes en profonde détresse de lecture, près de 20 % en difficulté moyenne : la largeur du couloir ne varie pratiquement pas.

Tous les élèves en difficulté en maternelle ne sont évidemment pas promis à l'illettrisme ; mais plus on avance dans ce couloir qui traverse notre école, plus se font rares les portes de sortie, plus s'affirme la conscience de l'échec, plus lourd pèse un découragement qui engendrera la révolte et la violence.

2. Des années à l'école, pour quoi faire ?

Au XIXe siècle, la France comptait environ 50 % d'individus ne sachant ni lire ni écrire. En 1914, le pourcentage de ces analphabètes était de 15 % [5]. Aujourd'hui, nos enquêtes les plus récentes nous révèlent que la proportion des « hors-l'écrit » dans la société française ne dépasse pas 1 % (p. 20). Nous sommes donc en droit de nous réjouir du formidable recul de l'analphabétisme dans notre pays ; nous pouvons nous féliciter de l'efficacité de notre École républicaine obligatoire et gratuite.

Il convient cependant de tempérer ce bel enthousiasme. Les analphabètes du début du siècle étaient certes privés de lecture et d'écriture mais se trouvaient pour la plupart,

5. Je dois ces chiffres aux excellents travaux de Claude Thélot, directeur de la DEP.

en dépit de ce handicap, parfaitement intégrés dans la vie sociale et économique. Les illettrés d'aujourd'hui qui, à des degrés divers, éprouvent des difficultés à lire et à écrire sont dans leur immense majorité des exclus sociaux. Que signifie un tel constat sinon que le monde d'aujourd'hui exige de notre École républicaine qu'elle donne aux enfants qui lui sont confiés des compétences d'un tout autre niveau que celles dont on pouvait se contenter auparavant ? Les faiblesses dans la maîtrise de la langue orale et écrite, jadis acceptables, sont aujourd'hui inexorablement sanctionnées.

Plus longtemps on reste à l'école, mieux on lit

Les études que nous avons menées depuis 1990, année après année, sur une population de jeunes adultes montrent que plus élevé est le niveau scolaire, plus hautes sont ses performances en lecture. Les deux graphiques ci-dessous mettent en évidence cette corrélation positive.

Le premier graphique représente les individus ayant des performances *faibles* ou médiocres en lecture : le groupe A est celui des analphabètes (aucune performance face à l'écrit). Il voit ses effectifs décroître très fortement à mesure que le niveau de sortie du système scolaire augmente.

Le second schéma prend en compte uniquement les *bons lecteurs* capables de saisir le sens global d'un texte court et relativement simple, d'en retenir les éléments

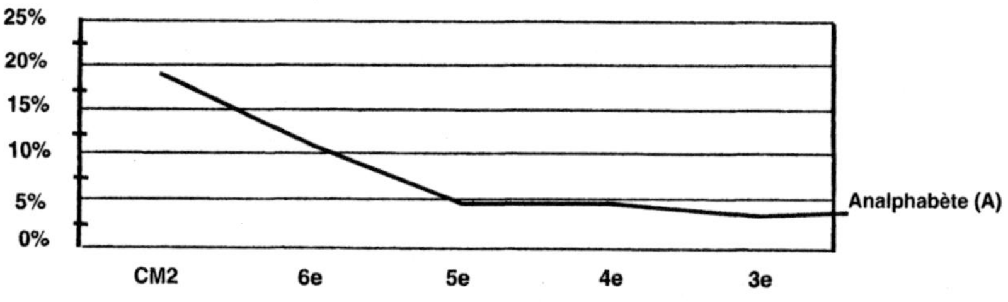

essentiels et d'en percevoir l'organisation chronologique et logique. On voit très nettement que plus le niveau scolaire est élevé, plus la population de bons lecteurs augmente.

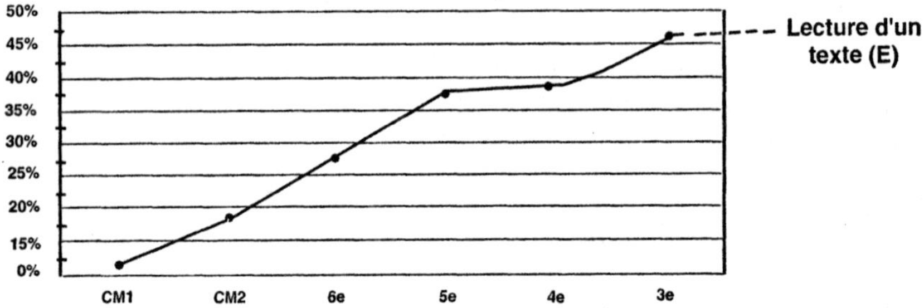

Le système scolaire remplit donc convenablement son rôle : celui de doter les individus qui lui sont confiés de compétences en lecture chaque année plus élevées. C'est bien le moins, me direz-vous, que l'on puisse attendre d'un des meilleurs systèmes éducatifs du monde. Au-delà de ce constat « globalement positif », une analyse plus précise des performances qui correspondent aux niveaux scolaires de sortie montrera l'influence réelle de la durée de la scolarisation sur l'illettrisme.

À chaque niveau de sortie son lot d'illettrés

Les jeunes adultes qui ont quitté le système scolaire en *classe de CM2* sont évidemment peu nombreux dans un pays où l'enseignement est en principe obligatoire jusqu'à 16 ans. Ils représentent tout de même 6,4 % des jeunes adultes testés[6], soit plus de 2 700 individus. Il ne s'agit évidemment pas des performances dont sont capables l'ensemble des élèves de CM2, mais d'individus qui ont quitté l'école après y avoir passé 6 ou 8 ans. Résultat :

6. Le test a été administré à près de 45 000 jeunes gens de 18 à 23 ans dont le niveau d'étude n'a pas dépassé la classe de troisième.

60 % des jeunes adultes ayant arrêté leur cursus scolaire avant le collège sont en situation d'illettrisme grave (A + B + C) ; 19 % seulement ont une lecture satisfaisante. Le graphique ci-dessous en donne l'illustration.

JEUNES ADULTES SCOLARISÉS JUSQU'EN CM2

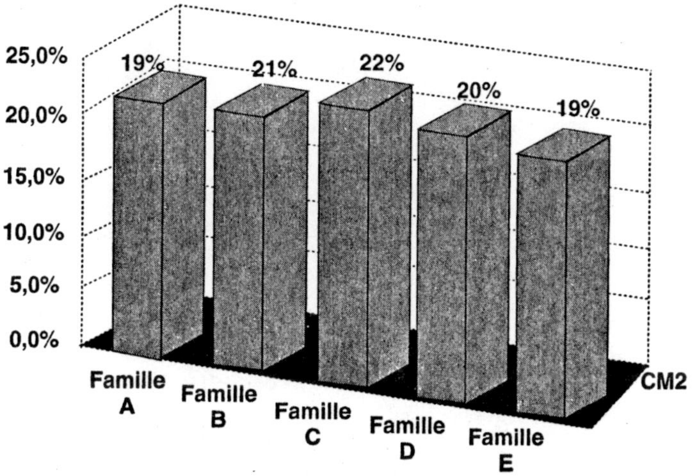

Famille A : aucun accès à l'écrit ; Famille B : lecture de mots ; Famille C : lecture de phrases simples ; Famille D : lecture superficielle d'un texte ; Famille E : lecture approfondie d'un texte.

• Les jeunes adultes ayant arrêté leurs études à la fin de la *classe de cinquième* sont sensiblement plus nombreux : ils représentent 35 % de la population que nous avons testée, soit près de 16 000 individus. Il s'agit de jeunes gens de 18 à 20 ans qui ont passé environ une dizaine d'années dans les circuits éducatifs qu'ils ont quittés quatre à cinq ans avant d'être évalués. Il est remarquable que 35 % d'entre eux (A + B + C) révèlent un état d'illettrisme préoccupant ; 39 % ont conservé de leur scolarité (ou ont acquis par la suite) des compétences de lecture satisfaisantes.

JEUNES ADULTES AVANT ARRÊTÉ LEUR SCOLARITÉ
EN FIN DE 5^{e}

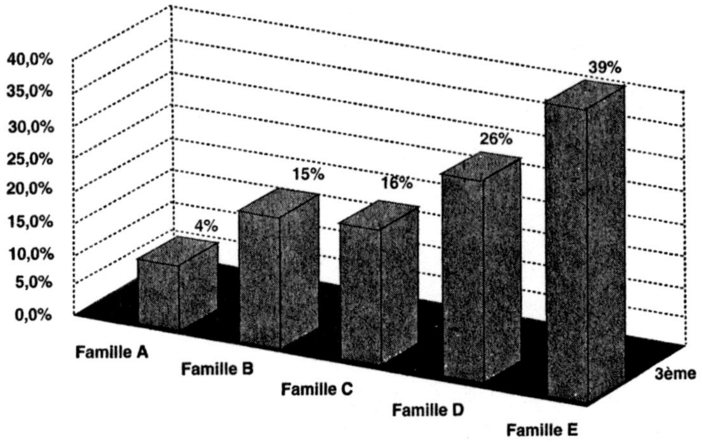

Famille A : aucun accès à l'écrit ; Famille B : lecture de mots ; Famille C : lecture de phrases simples ; Famille D : lecture superficielle d'un texte ; Famille E : lecture approfondie d'un texte.

• Les jeunes gens qui ont quitté le système d'éducation en fin de *classe de troisième* sont en nombre relativement important : ils constituent 52,3 % de notre population testée, soit près de 23 000 personnes environ. Ces individus ont pour leur part passé souvent plus de *douze ans* au sein de l'institution scolaire. Pour la plupart, ils l'ont quittée deux années à peine avant de passer les tests de lecture. Pratiquement *un sur trois* a de sévères difficultés en lecture ; moins de un sur deux se révèle être un lecteur convenable.

JEUNES ADULTES AYANT ARRÊTÉ LEUR SCOLARITÉ EN FIN DE 3^e^

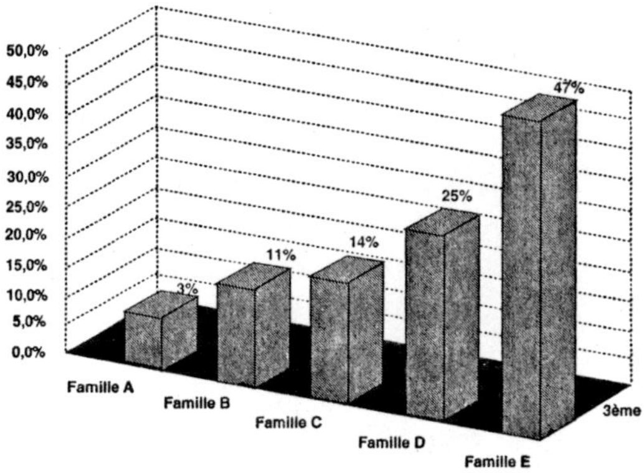

Famille A : aucun accès à l'écrit ; Famille B : lecture de mots ; Famille C : lecture de phrases simples ; Famille D : lecture superficielle d'un texte ; Famille E : lecture approfondie d'un texte.

Une conclusion s'impose : notre système scolaire ne parvient pas, en quelque douze années de scolarisation, à faire franchir à des élèves socialement défavorisés *un seuil de lecturisation irréversible*. Pour beaucoup, tout paraît se jouer hors et après l'école, ainsi que tendent à le montrer les entretiens que nous avons menés avec eux : pour une importante quantité de ces jeunes gens, c'est la période postscolaire qui s'est révélée décisive. Quelques-uns, impliqués dans des situations de vie professionnelle exigeant une utilisation de l'écrit, ont eu la chance de bénéficier de l'aide de médiateurs disponibles et bienveillants qui leur ont révélé une lecture à la fois utile et efficace. Les autres, dépourvus de modèle, privés de médiateurs, cantonnés à des relations de proximité et de connivence, ont peu à peu perdu les quelques techniques de lecture péniblement acquises et dont ils n'ont jamais véritablement compris l'enjeu.

Trop tard repérées, peu et mal analysées, les difficultés et les déficiences s'installent et s'aggravent, année après année, dessinant les contours de ce long couloir qui mène à l'illettrisme. Et pourtant au sein même de l'École existent des dispositifs de soutien et des réseaux d'aide ; des psychologues et des orthophonistes sont censés prendre en charge les élèves les plus en difficulté. Malheureusement, les enquêtes que nous avons menées sur 15 000 élèves du cycle 3 nous ont révélé que seul *1/3* des élèves en profonde difficulté de lecture bénéficiaient d'un soutien en CE2 ; la proportion tombait à *1/5* en CM2. Ces observations rejoignent très précisément les conclusions alarmantes de l'étude menée par l'équipe INSERM du docteur Boudart à Grenoble [7] : « 29,8 % seulement des enfants présentant des difficultés de lecture bénéficient d'au moins un des trois types de prise en charge : sanitaire, réseau d'aide ou aide extérieure. On observe une différence peu importante avec le groupe d'enfants à l'aise en lecture dont 20 % bénéficient d'une prise en charge. »

En l'absence d'un dispositif de repérage et d'analyse des difficultés de lecture fondé sur des critères partagés par tous les acteurs de l'acte éducatif, les procédures d'aide et de remédiation ne peuvent être distribuées que de façon aléatoire et sont souvent menées de façon approximative.

7. CAREPS : les troubles de l'apprentissage de la lecture : modes de prise en charge. Rapport n° 157, novembre 1995.

V

L'école mise au défi de l'illettrisme

1. Les conditions d'une entrée réussie dans le monde de l'écrit

Il ne s'agit pas de tomber dans le travers de ce que l'on appelle les « pré-requis» ; ce terme laisse entendre qu'un enfant doit avoir acquis un certain nombre de compétences avant qu'on l'autorise à avoir quelque contact que ce soit avec l'écrit ; une conception aussi mécaniste de l'apprentissage est à la fois fausse et dangereuse. Cependant, il est clair que les enfants n'arrivent pas tous à égalité à la porte de l'écrit : certains ont eu la chance de rencontrer tout au long de leur parcours préscolaire des médiateurs bienveillants, attentifs et éclairés qui leur ont progressivement permis de comprendre à quoi servait le langage et quels étaient les principes essentiels de son fonctionnement ; d'autres, moins heureux, n'ont avec la langue aucune distance, aucune idée claire des éléments qui la composent et des règles qui l'organisent. C'est là que se révèlent les plus importantes inégalités à l'entrée en Maternelle. C'est par un effort d'élucidation que commence le juste combat contre l'illettrisme.

Comprendre comment on construit du sens

Dès son plus jeune âge, dès ses premiers balbutiements, à travers ses premiers messages délivrés comme une bouteille à la mer, l'enfant exprime une question fondamentale : comment fabrique-t-on du sens ? À cette question, l'École répond avec autant de réticence que de difficulté. Parfois elle se laisse entraîner dans une course dérisoire en voulant imposer trop tôt un entraînement mécanique, parfois elle se laisse séduire par l'illusion d'une accumulation de savoirs que l'on sait pourtant éphémères. Notre École — c'est vrai — est particulièrement mal conçue pour guider et assister l'enfant au long d'un parcours — nécessairement individuel — de découverte ; par sa nature et son organisation, elle est portée, voire incitée, à préférer l'engrangement de savoirs et de savoir-faire visibles et programmables à l'aléatoire émergence d'une prise de conscience qui fonde progressivement la relation de chaque élève à la langue et au monde. C'est pourtant à ce combat-là que l'École maternelle est appelée, parce que c'est justement là que l'attendent les plus délaissés : ceux qui à cinq ans n'ont pas compris *ce que parler veut dire*. La mission est difficile ; elle n'est pas impossible.

Nous allons suivre, à titre d'illustration, le parcours de découverte d'élèves de grande section d'école maternelle (5 à 6 ans) qui se sont lancés collectivement dans la création et l'utilisation d'un code idéographique ; ils ont été accompagnés dans leur démarche par des institutrices patientes et résolues, décidées à favoriser la conquête, la découverte et la compréhension. Avant d'observer quelques exemples de « mise en signes », précisons que cette expérience reposait sur l'idée de la *création* d'idéogrammes par les élèves eux-mêmes et de l'utilisation individuelle de ces signes pour concevoir des messages. L'enfant dont nous allons suivre le parcours de découverte est suffisamment représentatif des soixante-dix enfants dont j'ai observé les productions durant deux années scolaires [1].

Dans la classe de Catherine (5 ans, 2 mois), tout avait commencé à partir de l'histoire que les enfants voulaient envoyer à leur correspondant : « un loup voyait un lapin qui se trouvait dans le pré de la grand-mère ». Nous allons en suivre les différentes étapes de mise en signes, du mois de novembre au mois de juin.

Première phase (novembre) : le dessin simplifié

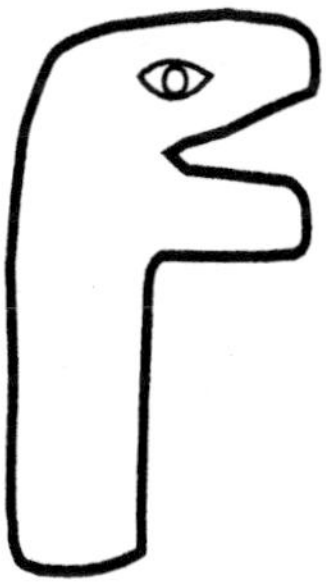

Le loup voit

le lapin dans le pré de la grand-mère

À cette date, les élèves avaient collectivement créé trois signes représentant respectivement le loup, le lapin et le pré. Le choix de chaque signe avait fait l'objet d'un vote des élèves à partir de propositions avancées par certains d'entre eux. Cette première phase est celle de l'alignement sur une ligne horizontale ; cet alignement est rompu par la superposition du lapin et du pré, ce qui rappelle que le dessin global n'est pas oublié. Nous sommes loin de la langue écrite qui interdit d'écrire deux mots l'un en dessous de l'autre.

1. Alain Bentolila, *Mise en signes et mise en mots*, thèse d'État, Paris V, 1982.

Deuxième phase (janvier) : l'émergence du signe-action

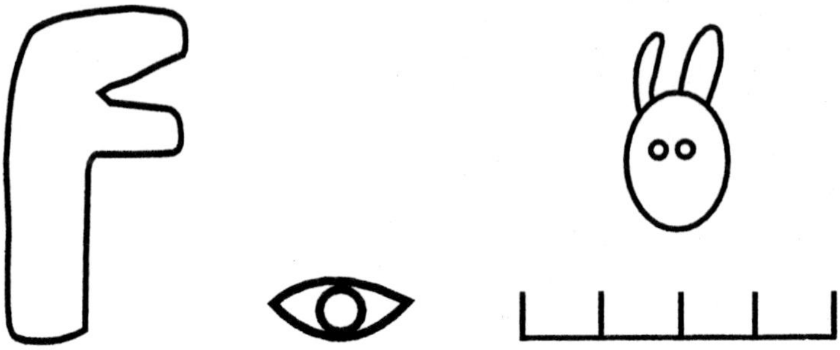

Le loup *voit* *le lapin dans le pré de la grand-mère*

Par une avancée décisive dans la découverte du fonctionnement d'un système de signes, l'enfant comprend qu'il lui faut fournir à l'action un signe qui lui est propre, c'est-à-dire qui l'évoque en elle-même. La réalité ne nous présente jamais une action détachée de celui qui l'effectue ou qui la subit : on ne perçoit pas une course mais quelqu'un qui court, on ne voit pas le fait de manger mais quelqu'un qui mange et quelque chose qui est mangé. Pour attribuer à l'action de « voir » un signe à part entière, l'enfant s'est emparé de l'œil du loup ; en rendant le loup aveugle, il l'a rendu aussi disponible pour d'autres actions (manger, dormir...) et, dans le même temps, il a pu utiliser cet œil pour en faire le support d'un signe « voir », lequel va lui-même pouvoir se combiner avec d'autres agents (lapin, enfant...). La décision qu'a prise cet enfant révèle une formidable capacité d'abstraction, marque une rupture décisive avec le dessin global et annonce la prise de conscience de la distance qui sépare nécessairement un système de signes de la réalité qu'il évoque.

Troisième phase (mars) : l'axe horizontal

Le loup *voit* *le lapin* *dans le pré de la grand-mère*

Les différents signes sont ici totalement alignés : le lapin a quitté son pré ; le signe représentant le lapin précède le signe évoquant le pré. L'enfant a abandonné la superposition pour isoler le lieu. Il n'y a pas de signe pour marquer la préposition « dans» ; le sens du signe « pré » a paru sans doute suffisant pour indiquer qu'il s'agissait de l'endroit où se trouvait le lapin. Le signe du lapin est clairement situé à droite du signe « voir », manifestant par sa position le rôle passif joué par ce personnage.

Quatrième phase (juin) : la mise en signes rejoint la mise en mots :

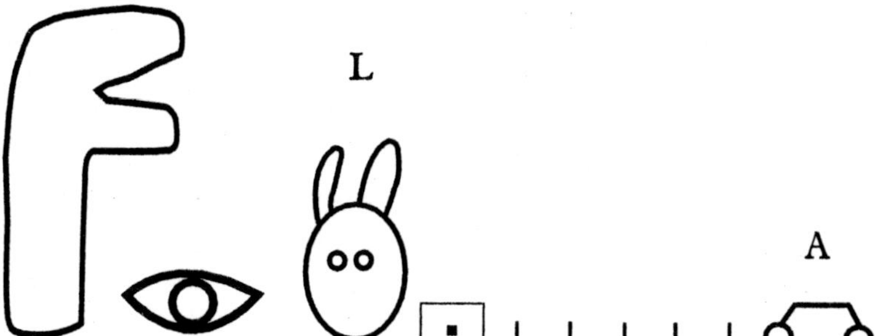

Le loup *voit* *le lapin* *dans* *le pré* *de la grand-mère*

Cette production, réalisée en toute fin d'année scolaire, est presque un message linguistique. On voit bien comment l'enfant a progressivement pris conscience des règles essentielles qui régissent la langue orale et écrite. Le signe représentant « grand-mère » apparaît à droite du « pré » pour en indiquer le possesseur. Chose encore plus intéressante, l'enfant fait intervenir un signe particulier pour représenter la préposition « dans », manifestant ainsi son souci de parvenir au plus près du langage. Enfin, apparaissent les lettres majuscules L et A qui surmontent respectivement le lapin et la grand-mère ; l'enfant a voulu, par ces deux lettres, signaler la présence des articles *le* et *la*, tentant de dépasser ainsi les limites du représentable.

Tout au long du lent développement de cette démarche de mise en signes, le dessin multidimensionnel s'est trouvé progressivement filtré par la parole ; l'activité de représentation a peu à peu épousé les contraintes et les règles de la mise en mots. Les différentes étapes de l'utilisation du code idéographique ont dévoilé les mécanismes de l'outil linguistique jusqu'à permettre d'entrevoir, comme une promesse future, les composantes graphiques et sonores.

Nature conventionnelle des signes, nécessité de leur alignement de gauche à droite, position pertinente du sujet et de l'objet, statut du verbe, rôle des indicateurs de fonction, prise en compte des besoins du destinataire du message, telles sont quelques-unes des révélations provoquées par cette démarche d'apparence ludique. Elle est exemplaire de ce que l'école maternelle devrait s'engager à mettre en œuvre. La valeur de cette expérience pédagogique ne tient pas tant à sa forme qu'à l'esprit qui l'anime : elle démontre que les activités de création et de manipulation en classe doivent prioritairement servir à découvrir et à comprendre les principes fondateurs de la transmission du sens.

Découvrir les droits et les devoirs liés à l'usage du langage

Le tout jeune enfant effectue ses premières armes linguistiques dans une situation de très grande connivence, d'extrême proximité (cf. p. 43). Progressivement, cet enfant va avoir à s'adresser à des auditeurs nouveaux, à communiquer des réalités de moins en moins immédiates, de moins en moins partagées. En d'autres termes, alors que dans un premier temps il s'adressait à des gens qui le connaissaient parfaitement pour leur dire des choses auxquelles ces gens s'attendaient, il va devoir, petit à petit, apprendre à s'adresser à des personnes qu'il connaît peu et leur parler de choses qui sont moins attendues.

Tout au long de cette démarche, l'enfant devra apprendre comment l'on négocie avec la *part d'inconnu* que comporte tout acte de communication : que sait-il de ce que je sais ? Quelles informations dois-je lui fournir pour qu'il puisse me comprendre ? Comment en dire assez sans le noyer dans un flot d'informations inutiles ? Telles sont quelques-unes des questions qu'il faut lui apprendre à se poser et auxquelles il doit apporter des réponses adaptées. Cet apprentissage ne peut donc s'effectuer sans l'aide bienveillante mais aussi exigeante d'adultes qui saisiront toutes les occasions pour révéler à l'enfant les *droits* et les *devoirs* liés à la communication linguistique. Pour bien des enfants, l'École constitue le premier et le seul recours dans la quête silencieuse qui est la leur : ils attendent qu'enfin elle leur explique ce que parler veut dire, qu'enfin elle leur révèle les enjeux du langage.

Or l'École s'est fort peu occupée de la maîtrise de la communication orale. Les instructions officielles ont jusqu'à récemment négligé d'insister sur la nécessité d'une pédagogie de la communication orale. On mentionnait le vocabulaire, la grammaire, parfois l'expression... Mais jamais la gestion de la communication orale n'a véritablement été désignée comme un des grands objectifs de l'école primaire. Il a fallu attendre 1995 pour que les Instructions officielles invitent les enseignants à s'y intéresser.

Il faut bien reconnaître qu'en matière de communication orale, les démarches pédagogiques ne sont pas faciles à mettre en œuvre : elles supposent en effet des moyens et une formation dont peu de maîtres disposent. Ne l'oublions pas ! les paroles s'envolent... De ce fait, il est délicat de travailler sur une matière aussi volatile et éphémère que l'oral. Ajoutons que l'on a affaire à une trentaine d'élèves dont les capacités de parole et d'écoute sont extrêmement inégales, et l'on comprendra pourquoi il n'est pas simple de programmer et de vérifier les progrès significatifs en communication orale.

L'écrit silencieux, visible et stable est, sans aucun doute, plus rassurant pour un pédagogue ; le « faire », plus immédiat, plus facilement vérifiable offre pour sa part une certaine sécurité pédagogique. Le plus souvent, certains enseignants se donnent l'illusion de maîtriser la parole en faisant exécuter des exercices dits « structuraux », en faisant répéter formules et comptines, en faisant apprendre des listes de vocabulaire ou encore en faisant lire à haute voix des textes écrits. D'autres, abdiquant toute ambition de distanciation et de contrôle, se rabattent sur l'expression libre et se disent : « Pourvu qu'ils parlent, il en restera toujours quelque chose. » Il s'agit là certainement de l'illusion pédagogique la plus répandue dans les classes de maternelle : en créant les conditions de l'expression, on se donne l'impression de distribuer également les chances de parole.

Toutes les observations que nous avons effectuées nous ont démontré le contraire. Nous avons constaté par exemple que lorsque des enfants de quatre ou cinq ans sont groupés dans un « atelier d'expression », *trois cercles* ont tendance à se former qui ne se mêleront pas tout au long de la séance. Il y a d'abord celui des « maîtres de parole » ; ce sont ceux qui conduisent la conversation, en décident les thèmes successifs, en organisent les relais. Vient ensuite celui des « intervenants ponctuels » ; ce sont ceux qui parlent, interviennent sur le discours des premiers, pour renchérir ou pour s'opposer de façon brève et soudaine. Enfin, il y a le cercle des *silencieux* ; parfois ils observent et semblent écouter : le plus souvent ils paraissent totalement étrangers à une activité qu'ils refusent, qu'ils redoutent et dont en aucune façon ils ne perçoivent les enjeux.

Sauf à accepter que certains enfants s'engagent dès le début de leur scolarisation dans le long couloir qui conduit à l'illettrisme, l'École, et en tout premier lieu l'École maternelle, doit faire de l'apprentissage de la langue maternelle son objectif principal. Sa démarche, quels que soient son habillage et sa mise en scène, devrait s'articuler selon quatre temps :

• Premier temps : prise de conscience par celui qui parle de l'échec relatif de son message. Il est impératif de dresser avec lui un *constat d'échec* ; total ou relatif, ce constat d'échec permet d'arrêter le flot de la parole et de faire du message un objet d'observation et de questionnement. Il marque aussi, dans sa bienveillance, l'intérêt que l'on porte à la parole de l'enfant. Pour beaucoup, ce sera la première fois que l'on brisera le mur d'indifférence auquel s'est toujours heurté leur discours.

• Deuxième temps : *identifier les causes de l'échec*. Le message devient l'objet d'un questionnement qui va permettre à l'élève de découvrir les éléments responsables de ses difficultés de compréhension. Il va mettre en cause ses propres choix de composition et de construction, et prendre conscience des inadéquations entre les moyens qu'il a mobilisés et les besoins de celui à qui il s'adresse.

• Troisième temps : créer les *conditions de la réussite.* Il s'agit de modifier le message lui-même en « corrigeant » certains des choix précédemment effectués. L'élève, en transformant son message pour rendre possible sa compréhension par l'Autre, comprend qu'il a vis-à-vis de son interlocuteur des devoirs qu'il ne peut négliger : ceux de lui fournir les indices nécessaires à la construction du sens.

• Quatrième temps : dresser le *constat de la réussite.* C'est la phase ultime où le message transformé, rendu pertinent, est utilisé à destination d'un nouvel auditeur. Ce dernier va manifester, en réussissant à comprendre le message, que le travail effectué en valait la peine. C'est la phase où l'enfant prend conscience des droits et des devoirs que lui confère l'usage de la langue.

Nombreuses sont les activités qui, dès l'École maternelle — mais ensuite tout au long de la scolarité —, vont permettre aux élèves d'apprendre à *parler juste.*

Dans les classes d'écoles maternelles, de nombreux événements tels que les anniversaires, les fêtes, l'accueil d'autres classes..., sont l'occasion de faire des gâteaux ; parmi toutes les pâtisseries, la vedette de la maternelle est le gâteau au yaourt. Un beau matin, sous prétexte de confectionner le fameux gâteau, nous avons, avec deux collègues responsables des grandes sections, mis en œuvre une « leçon de choses de communication ». Deux mères d'élèves sont venues expliquer la recette du gâteau au yaourt à deux élèves (leur discours a soigneusement été enregistré). Ces deux élèves ont ensuite transmis la recette à deux élèves chargés de faire le gâteau (leur message a été dûment enregistré). Les petits pâtissiers ont enfin fabriqué le gâteau ; leurs faits et gestes ont été observés avec attention.

On a goûté le gâteau : immangeable ! Nous avons ensemble réécouté les enregistrements.

Nous nous sommes aperçus que les deux mères avaient

omis certaines informations importantes ; nous avons ensuite constaté que les enfants chargés de transmettre la recette avaient oublié ou transformé des indications indispensables ; nous avons aussi rappelé que les petits pâtissiers avaient eux-mêmes pris quelques libertés avec les consignes qui leur avaient été données.

Nous avons alors modifié les messages, corrigeant certaines formulations, complétant certaines informations, jusqu'à obtenir une recette utilisable. Deux nouveaux pâtissiers furent sollicités, choisis dans une autre classe. La recette corrigée leur fut délivrée ; ils firent le gâteau qui, cette fois, fut unanimement jugé délicieux.

Cette « leçon de choses » de la communication orale se déroula sur *un peu plus d'une semaine* ; cinq à six séances de vingt minutes environ furent nécessaires pour que des enseignants patients, obstinés et attentifs, provoquent une réflexion sur le soin que l'on devait apporter, non à la confection d'un gâteau, mais à la construction d'un message linguistique. L'objectif de cette démarche n'était pas d'apprendre à faire un gâteau au yaourt ; le but essentiel était que tous les élèves comprennent que le choix précis des mots, l'organisation rigoureuse qui les articule, déterminent directement le succès de l'acte de communication.

A travers cette activité pâtissière, comme à travers mille autres activités que l'École propose, on peut et on doit faire prendre conscience aux élèves que c'est pour l'Autre que l'on construit son message ; ils doivent apprendre que l'Autre ignore beaucoup de ce que l'on sait et que, pour transmettre une expérience, une idée, une histoire, il faut lui fournir les moyens nécessaires de les construire. Les illettrés de demain se recrutent parmi ces élèves qui, privés de modèles et d'exemples, jamais invités à analyser ni à dépasser leurs échecs, rétrécissent peu à peu leur relation aux autres et au monde et voient de ce fait se fermer bien avant d'y entrer les portes de l'écrit.

Découvrir que le langage n'est pas un continuum sonore

Imaginons que l'on demande à quelqu'un qui sait lire et écrire combien il y a de mots dans l'énoncé suivant :

[lɑlɛktyrelekrityrsɔ̃ledømamɛldlɑfrɑ̃ys]

La lecture et l'écriture sont les deux mamelles de la France. Il n'aura sans doute pas beaucoup de mal, en s'appuyant sur sa maîtrise de la lecture et de l'écriture, à donner une réponse satisfaisante. Lorsque l'on tente la même expérience avec un adulte analphabète ou un jeune enfant qui n'a pas encore appris à lire, les difficultés se révèlent infiniment plus importantes.

La reconnaissance des mots qui composent une phrase constitue une opération délicate pour celui qui ne peut se référer à l'écrit : seuls les mots qui correspondent à des objets, à des animaux ou à des personnages sont susceptibles d'être identifiés, mais même dans ce cas, c'est souvent un groupe de mots qui est isolé (« le chien de la voisine » ou « la règle en plastique ») et non le mot « chien » ou le mot « règle » auxquels seule l'écriture donnera une véritable réalité matérielle. Cette incapacité peut surprendre ceux qui sont tellement habitués à l'écrit qu'ils en viennent à confondre les mots et le monde. Et pourtant, jamais leurs yeux ne voient une « règle » en elle-même mais toujours une règle en bois ou en plastique, blanche ou rouge, grande ou petite..., jamais leurs oreilles ne perçoivent un cri quelconque, mais toujours un cri aigu, rauque, long, court... C'est la langue, notamment la langue écrite, qui, de façon abstraite, réunit toutes les « règles » imaginables sous un même mot, tous les « cris» audibles sous un vocable identique. L'analphabète et l'enfant non lecteur ont bien du mal, sans le support de l'écrit, à isoler cette unité de sens qui n'est qu'une synthèse abstraite de la réalité et que les lettrés appellent le mot. L'École doit ainsi apprendre à l'enfant, avant son entrée dans l'écrit, à découvrir et à manipuler « l'unité-mot » dans son langage oral. L'entreprise exige du temps : il faut multiplier les moments de manipulation et les occasions de réflexion qui permettent de constater que le mot rassemble et fédère une large diversité de représentations : une table, qu'elle soit de bois, de verre, en fer ou en plastique, basse ou haute, ronde ou rectangulaire, n'en reste pas moins appelée « table ». C'est ainsi que, peu à peu, l'élève prendra avec son langage une distance qui lui permettra d'en percevoir les articulations sémantiques ; cet acquis facilitera ses premières relations avec le texte écrit.

L'identification des sons qui composent un mot se révèle pour un jeune enfant une aventure encore plus complexe. Dans ma grande naïveté de linguiste et de « lettré », j'avais, il y a quelques années, tenté, avec des élèves de 4 à 5 ans, l'expérience suivante : je prononçais à leur intention des paires de mots comme [pul] « poule » et [bul] « boule » et je leur demandais de nous dire ce qu'ils entendaient de différent dans chacun de ces mots. Mon espoir était, qu'avec un peu d'encouragement, ils parviennent à identifier les sons [p] et [b] ; cet espoir fut, dans presque tous les cas, cruellement déçu. Les élèves ne pouvaient pas isoler l'unité phonique responsable de la distinction des mots. Les expériences du même type que nous tentâmes avec des adultes analphabètes en Haïti et en Équateur furent aussi décevantes.

On comprend aisément cette quasi-impossibilité à isoler un son consonantique, si l'on considère que [p] et [b] sont pratiquement imprononçables en eux-mêmes, c'est-à-dire lorsqu'on les prive de l'appui de la voyelle qui, comme on le dit si bien, fait « sonner la consonne ». Ça n'est qu'avec la mise en relation du son et de la lettre (que l'élève effectuera au cours préparatoire) que l'unité phonique prendra une réalité concrète, c'est-à-dire une représentation. Par contre, les élèves, dès la petite et moyenne section de l'école maternelle, sont tout à fait capables, si on les accompagne dans leur démarche de découverte, de distinguer des *syllabes*, de reconnaître des *rimes* et de saisir des *allitérations*.

Une étude menée par P.E. Bryant et Bradley [2], en 1985, démontre clairement que des activités de ce type exercent une influence bénéfique sur l'apprentissage futur de la lecture : 400 enfants de 4 à 5 ans, dont aucun ne savait lire, furent évalués sur leurs capacités respectives à reconnaître des rimes et des allitérations. La progression de chaque enfant fut suivie en lecture et en mathématique durant trois ans. On a pu démontrer que les plus habiles à effectuer les exercices de rimes étaient, dans une grande proportion, ceux qui obtenaient aussi les meilleurs résultats en lecture et en orthographe. La « dextérité phonique » se révèle un indicateur intéressant sur l'avenir des élèves en matière de lecture — un indicateur infiniment plus fiable que les résultats aux tests de QI dont cette même enquête montra par ailleurs la faible pertinence.

Il semble donc très utile que, dès l'entrée à l'École maternelle et jusqu'aux premiers apprentissages de la lecture, on entraîne les élèves à reconnaître syllabes, rimes, allitérations. Lorsqu'on fait observer par un enfant que des mots comme [toro] « taureau », [šato] « château », [tomat] « tomate », [foto] « photo » et [gato] « gâteau » ont quelque chose en commun, on lui permet de se rendre compte du même coup que le même « morceau phonique », [to], peut servir à former des mots différents pour peu qu'il soit associé à d'autres morceaux phoniques. L'enfant identifiera progressivement les syllabes ; il apprendra à observer la position qu'elles occupent dans les mots ; il acquerra une sorte de « conscience phonique » qui lui sera d'une grande utilité lorsqu'il apprendra à lire et à écrire.

2. Voir l'article paru dans les *Actes des Entretiens Nathan* 1992, sous la plume de P.E. Bryant, p. 7 à 23.

Comprendre que le langage a une grammaire

On peut s'étonner que nous parlions de grammaire avant même que l'élève soit entré dans l'apprentissage de la lecture. On a souvent tendance à croire qu'il faut attendre que soient installées les bases du savoir lire pour s'intéresser aux questions d'analyse grammaticale. C'est une profonde erreur ! Plus un enfant aura été invité à se questionner sur l'organisation grammaticale de son langage oral, plus on lui aura fait découvrir le rôle que jouent les mécanismes grammaticaux dans la construction du sens, et mieux il pourra identifier ensuite les indicateurs grammaticaux des phrases et des textes écrits.

Les enseignants devraient se persuader que la grammaire constitue une des clés essentielles de la compréhension des phrases et des discours. Sans elle, on est réduit à une succession désordonnée et aux fades stéréotypes. Imaginez que quelqu'un vienne vous annoncer avec à-propos : « La chèvre a mangé le chou. » Cette suite de six mots invite à une construction du sens qui ne devrait pas vous bouleverser. Deux mots : « chèvre » et « chou » sont respectivement chargés de jouer un rôle d'agent (mangeur) pour le premier et de patient (mangé) pour le second. L'animé herbivore « chèvre » rentre tout naturellement dans le rôle d'agent ; l'inanimé végétal « chou » accepte volontiers le rôle de patient ; l'expérience ainsi évoquée correspond à une attente normale. Par contre, si on vous dit : « Le chou a mangé la chèvre », les mêmes six mots vous imposent de construire une réalité qui vous amène à penser que décidément le monde n'est plus ce qu'il était ou bien à mettre en question l'état mental de votre interlocuteur. Dans cet énoncé on a imposé à l'animé « chèvre » le rôle de patient mangé alors que dans le même temps, on a assigné à l'inanimé « chou » le rôle d'agent-mangeur. Ce sont les indicateurs grammaticaux utilisés qui vous ont conduit bon gré mal gré à une représentation inattendue, en contradiction avec votre vision habituelle du monde. En l'occurrence, son antéposition attribue sans ambiguïté à « chou » la fonction de sujet tandis que sa postposition impose à « chèvre » la fonction d'objet.

On constate que le « metteur en mots » utilise des injonctions grammaticales qui lui permettent d'imposer au metteur en scène, même en allant contre l'avis du monde, les rôles qu'il doit attribuer à chaque mot-acteur. Si on laissait au sens de chaque mot le soin de déterminer le rôle qu'il est appelé à jouer, nous ne pourrions évoquer qu'un monde dans lequel ce sont fatalement les chèvres qui mangent les choux, les renards qui dupent les corbeaux, un monde où jamais un lapin ne tuerait un chasseur, où les enfants ne pourraient pas s'envoler... La langue ne serait alors que le reflet pâle et banal de la réalité que nous percevons. Sans la force de la grammaire, on ne pourrait ni rendre compte des situations rares et surprenantes que le réel sait parfois nous proposer, ni créer par la seule volonté de la langue des situations à peine imaginables que la réalité ignore.

Un élève qui ne sait pas encore lire doit pourtant acquérir une conscience implicite du rôle joué par les informations grammaticales dans la compréhension des phrases. Un élève de 4 ou 5 ans n'est pas capable de nommer les catégories grammaticales, mais il est tout à fait à même, si on lui fait manipuler des phrases, de comprendre que tel groupe de mots indique qui fait l'action, que tel autre évoque ce qui la subit, qu'un autre encore permet de savoir où l'action se passe... À l'aide de questions, de permutations, ou encore en proposant des phrases incongrues, on développera une curiosité grammaticale essentielle pour acquérir une certaine maîtrise du langage. Alors que l'on devrait multiplier les efforts pédagogiques pour installer au plus tôt de la scolarité une vraie conscience du rôle de la grammaire dans la communication, on assiste dans beaucoup de nos écoles à un renoncement coupable qui transforme la réflexion grammaticale en une bouillie informe ou bien la cantonne à des activités de catégorisation vides de sens. Rien d'étonnant ! La grammaire est le parent pauvre de la formation des futurs maîtres ; son enseignement pratiquement ignoré de la formation des futurs inspecteurs de l'Éducation nationale.

Découvrir que chaque mot a un sens

Lorsque les mots nous manquent, c'est le sens que nous tentons de donner au monde qui s'obscurcit. Les enfants qui franchissent la porte de l'école maternelle disposent de la parole, mais leurs relations aux mots sont extrêmement inégales : la conscience de ce qu'est un mot, du sens qu'il porte vers l'Autre, du territoire qu'il occupe par rapport aux autres mots, est, pour certains enfants, extrêmement confuse. Certains enfants utilisent leur langue dans une sorte de « brouillard sémantique » qui n'autorise qu'une conduite linguistique de très faible amplitude. *Ils parlent à vue* ; c'est-à-dire uniquement de ce qu'ils voient et seulement à ceux qu'ils voient.

Maîtriser le sens d'un mot est le résultat de deux démarches complémentaires et inverses. En effet, le sens d'un mot se construit à mesure qu'on le rencontre et qu'on l'utilise dans des contextes différents ; ainsi le sens du mot « battre » va peu à peu se construire après identification dans des contextes tels que : « maîtresse, il m'a battu », « il m'a battu à la course », « il a battu le tapis », « il a battu les cartes », « il a battu le record du monde... » ; de même l'adjectif « beau » va s'enrichir de rencontres diverses : « c'est un beau dessin », « il fait beau », « c'est une belle bêtise ». Plus un enfant a la chance de croiser un mot dans des contextes différents, plus il enrichira la signification de ce mot, plus il prendra le risque de l'utiliser lui-même dans des contextes divers qui, à chaque fois, coloreront son sens de nuances particulières.

D'un autre côté, l'enfant doit acquérir une conscience claire que quelle que soit la phrase dans laquelle un mot apparaît, quelle que soit la nuance de sens qu'il acquiert, il s'agit bien toujours du même mot et que ce mot veut bien dire la même chose pour tout le monde : ainsi une table peut être de bois ou de multiplication, elle est toujours table.

La découverte des mots et de leur sens, parcours complexe, doit nécessairement être accompagné ; l'école doit prendre sa part dans cette démarche patiente et obstinée qui révèle à la fois la diversité des significations et l'unicité du sens d'un mot. Pour certaines catégories d'élèves, la médiation du maître constitue leur seule chance de voir se dissiper le brouillard sémantique qui étouffe leur parole. Des activités multiples peuvent, pour la plupart, être menées avec un groupe de huit à dix élèves [3]. Leur valeur foncière est de rompre de façon décisive à la fois avec l'apprentissage de listes de vocabulaire ainsi qu'avec des séances d'expression libre qui ne profitent en réalité qu'aux élèves les mieux nantis en matière de vocabulaire. Il y a deux ans, avec une collègue de la moyenne section d'école maternelle d'une ZEP, fut tentée l'expérience suivante : la maîtresse proposait deux fois par semaine à une dizaine d'enfants de réfléchir au sens d'un mot particulier. Les élèves étaient invités à donner chacun sa propre signification du mot proposé. Par exemple : « noir ». Un élève avait proposé : « Noir, c'est maman » parce que, disait-il, il ne la voyait que la nuit ; un autre « Noir, c'est pas la lumière » ; un autre encore : « noir » c'est des enfants et même des messieurs noirs. La maîtresse avait laissé se développer les propositions de définition et les associations, et elle les avait notées avec soin.

3. Que l'on ne me dise pas : « Mais on en a 30. » Il faut que l'école s'organise pour que l'on puisse y travailler, à 8 ou à 10. Aurions-nous 25 élèves par classe, la question se poserait de la même façon.

Puis, reprenant tous les contextes proposés, elle avait demandé de repérer le mot que l'on retrouvait partout : « C'est noir, bien sûr, avaient dit les élèves ! » Sur la base de cette réponse, elle avait alors suggéré que l'on se mette d'accord sur seulement deux définitions du mot « noir » pour qu'on les écrive dans un livre. La discussion fut âpre mais d'une extrême richesse, chacun défendant ses propres contextes, ses propres associations ; finalement l'accord se fit sur l'absence de lumière et sur la couleur de la peau. Quel que fût le résultat, c'est la démarche de réflexion qui faisait l'importance de cette activité ; renouvelée de façon régulière, patiemment animée par une maîtresse convaincue de la pertinence de ses objectifs et décidée à ne pas se contenter de « faire parler » les élèves, cette expérience avait permis de faire comprendre que le sens que l'on donne à un mot est intime et personnel, mais en même temps strictement soumis à une convention acceptée par tous ceux qui l'utilisent. Lorsque les élèves seront invités à lire l'écrit d'un autre, il devront peser avec soin le sens de chacun des mots qui leur est destiné ; il auront à en distinguer la part conventionnelle, commune à tous de celle plus subjective, plus contextualisée que l'auteur a façonnée expressément en écrivant ce texte à leur intention. Si l'École a su développer à l'oral une relation aux mots fondée à la fois sur la précision et la liberté, la lecture comme l'écriture s'en trouveront plus efficacement maîtrisées.

Découvrir que l'on parle avec des intentions précises

Nous avons dit combien il nous paraissait essentiel que, dès la petite section de l'école maternelle, l'enfant apprenne à prendre en compte son auditeur en tant que personne distante et différente de lui ; nous avons souligné que l'École doit apprendre au jeune élève à adapter son message en fonction de la part relative d'inconnu qu'il affronte. Mais, pour gérer efficacement un acte de parole, il faut aussi avoir conscience de sa *finalité* : parle-t-on pour raconter une histoire imaginaire ? pour témoigner ? pour décrire ? pour donner ordres ou conseils ? ou pour tenter de convaincre ? À chacune de ces intentions correspond une stratégie particulière de mise en mots. De la pertinence de ce choix stratégique dépend souvent la réussite ou l'échec d'un acte de communication. Savoir définir son but, savoir choisir les moyens linguistiques qui permettent de l'atteindre n'est pas un don ; ce type de compétence s'acquiert, se construit avec l'aide attentive d'un enseignant persuadé qu'il y a là nécessité d'apprentissage.

Il ne m'apparaît pas que l'école de 1996 accorde suffisamment de temps et de volonté pour apprendre aux élèves qui en ont le plus besoin à identifier leurs propres intentions de communication et à déterminer la stratégie de parole qui permet de les faire aboutir. Pourtant un groupe d'une dizaine d'élèves en moyenne ou grande section comprendront facilement que raconter une histoire n'est pas du tout la même chose que construire un témoignage. On peut mettre par exemple en évidence la spécificité du témoignage en créant des situations où les erreurs d'informations peuvent avoir des conséquences importantes. De même les élèves manipuleront en pleine conscience le discours de la description : ils comprendront que décrire à quelqu'un quelque chose qu'il ne voit pas suppose que l'on évalue d'abord ce qu'il sait et ce qu'il ne sait pas de cet objet ; ils demanderont à quoi va servir cette description : dessiner l'objet ? l'identifier simplement ?... Il ne faut pas hésiter à mettre des élèves de cinq ans en situation de convaincre quelqu'un. Veulent-ils convaincre leurs parents de les laisser aller chez un copain ? Désirent-ils persuader un ami de leur donner un peu de ses bonbons ? Faut-il faire accepter par le groupe un choix ou une opinion personnelle ? Toutes les mises en scène seront bonnes si l'on prend le soin d'examiner avec patience et attention les arguments développés, si l'on prend le temps de juger de leur pertinence, si l'on observe la logique de leur articulation.

Lorsque les élèves vont se trouver confrontés à différents types de textes, lorsqu'ils auront à identifier le texte narratif, le texte argumentatif, le texte descriptif ou encore injonctif, ils s'appuieront sur la conscience préalablement acquise des diverses finalités du discours. L'entraînement effectué sur les stratégies de parole les aidera à maîtriser les stratégies de lecture.

Savoir ce que c'est que lire avant de savoir lire

Si l'École maternelle n'a pas pour vocation d'anticiper de façon systématique l'apprentissage du code écrit, il lui incombe de familiariser les élèves avec la langue écrite et les divers supports qui la manifestent. L'écrit a toute sa place à l'école maternelle dans la mesure où, pour bien des enfants, c'est le seul lieu où ils auront une chance d'effectuer une visite guidée de cet univers inconnu. Durant ces années où ils ne seront pas encore soumis à l'obligation de maîtriser les secrets du code, ils pourront plus paisiblement explorer de façon cohérente les divers types d'écrits et en comprendre les fonctions individuelles et sociales ; ils observeront et analyseront des comportements de lecteurs et prendront connaissance de la spécificité des utilisations de la langue écrite. L'école maternelle est le lieu où ils apprendront ce qu'est l'écrit avant d'apprendre à le lire.

Il faudrait permettre, notamment aux élèves qui n'ont pas l'occasion d'assister hors l'école à des « spectacles de lecture », d'observer et de questionner un lecteur adulte en action. Nous avions, dans cette perspective, imaginé dans une classe de moyenne section l'activité suivante : la maîtresse, une ou deux fois par semaine, s'installait dans sa classe avec un support écrit particulier : livres de fiction de très belle facture, livres documentaires ou dictionnaires... Elle se mettait à lire pour elle-même, en silence. Les enfants la regardaient d'abord perplexes. Elle tournait les pages, souriait, de toute évidence ravie de sa lecture. Des questions venaient : « Qu'est-ce que tu fais ? » « Pourquoi tu ne fais pas de bruit ? » « Pourquoi tu ris ? »... S'instaurait peu à peu une discussion collective autour de la question « qu'est-ce qu'on fait quand on lit ? ». Ces élèves ne savaient pas lire et en avaient conscience ; mais, peu à peu, ils se familiarisaient avec le comportement d'un lecteur dans ses manifestations diverses. La séance se terminait parfois (mais pas nécessairement) par une lecture faite à haute voix par la maîtresse. Acte facultatif car l'important était non pas qu'elle lise *pour* eux mais *en face* d'eux. En mettant en scène de petits tableaux vivants de lecture, elle incitait ses élèves à se poser les questions essentielles : qu'est-ce que lire ? que lit-on ? comment lit-on ?

Beaucoup d'élèves poussent pour la première fois la porte de l'école avec un bagage linguistique aussi léger que désordonné. Leur langage oral, forgé dans un contexte familial de silence et d'indifférence, s'est cantonné à des usages de désignation, de constat ou de demande. Ce langage oral, limité en moyens et en ambition, est à cent lieues du langage écrit que les textes vont les obliger à affronter. Il revient à l'école de combler, en partie au moins, ce gouffre en les habituant progressivement à se « frotter » à du vrai langage écrit ; en les familiarisant peu à peu avec la « voix des textes ». La maîtresse (ou le maître) lira de véritables textes écrits, contes merveilleux, poèmes et récits de vie, mais aussi textes d'explication ou de réflexion autour d'un thème adapté aux intérêts des enfants... Les textes seront aussi éloignés que possible de la langue orale familière afin de bien marquer la spécificité de l'écrit : ce n'est pas quand il tente de restituer la connivence de l'oral que l'écrit dévoile le mieux sa singularité. Pour que ces écrits soient lus avec autant de conviction que de talent, pour que l'enseignant donne voix au texte comme un musicien donne vie à une œuvre, il conviendrait que la formation des maîtres comporte un entraînement sérieux à la diction maîtrisée de textes poétiques, de prose ou de pièces de théâtre. La simple lecture à haute voix de textes écrits, si elle permet une sensibilisation aux structures de la langue écrite, ne suffit cependant pas à mettre en évidence le statut particulier du texte ; il faut tenter de démontrer comment le texte écrit met son destinataire au défi d'en conquérir le sens. Une fois le texte lu par la maîtresse, tout reste à faire. Elle demandera par exemple aux élèves de proposer chacun son interprétation du conte ou du texte informatif qui leur a été lu. Elle notera les différentes propositions et notamment celles qui expriment des interprétations divergentes. Elle relira ensuite le texte en lui faisant jouer un rôle d'arbitre : acceptant certaines propositions, en repoussant d'autres parce que contradictoires avec la volonté de l'auteur. Elle montrera ainsi que la compréhension d'un texte implique autant de liberté que de contraintes ; liberté de vivre le texte de façon personnelle, mais liberté qui s'exerce dans les limites imposées par la constitution même de ce texte. L'élève comprendra, avant même de savoir lire, que le texte écrit est un partenaire exigeant avec lequel lui, futur lecteur, aura à négocier sa propre liberté de compréhension ; un partenaire dont il aura à respecter la spécificité et les injonctions mais qui l'invitera aussi à s'investir sans réticence, sans frilosité, dans une représentation qui n'appartiendra qu'à lui.

Si les écrits, dans la diversité de leurs supports et de leurs contenus, doivent être à présent au sein même de la classe, on ne peut accepter l'intrusion désordonnée dans les écoles maternelles d'écrits dont le foisonnement hétéroclite tente de donner l'illusion d'une authenticité retrouvée : le chèque y fréquente le bon de commande de la Redoute ; l'affiche publicitaire y voisine avec la recette de cuisine ; le mode d'emploi d'un article électroménager le dispute parfois au conte merveilleux ou au poème. Ce n'est pas la simple présentation de la pluralité qui entraîne une vision cohérente du monde de l'écrit. Ces « bains d'écrits » dans lesquels on plonge les élèves, avec l'espoir qu'ils s'y imprègnent d'une hypothétique « culture écrite », sont à la fois inefficaces et dangereux. Il ne suffit pas de proposer un grand nombre de textes et de supports pour que cette diversité prenne sens. Seule la maîtresse médiatrice (ou le maître médiateur) peut, à partir d'un nombre limité de documents, montrer quelles sont, dans l'école et hors l'école, les différentes fonctions et finalités des textes et documents. L'école est le lieu où le maître par son intervention donne sens à la diversité et au désordre du monde. Elle n'est pas le lieu où le monde, dans son désordre et sa diversité, entre tel quel. L'élève doit se persuader que sous l'apparence du désordre il y a une classification, un ordonnancement et une cohérence à découvrir.

Redéfinir les missions de l'École maternelle française

Sous les effets conjugués du délabrement de la médiation familiale et de la perversité des modèles sémiologiques imposés par un monde médiatique de plus en plus cynique, beaucoup d'enfants arrivent aux portes de l'école en situation d'extrême insécurité linguistique et de terrible déprivation culturelle. Pour eux, l'école maternelle constitue *la première et la dernière* chance de médiation dans un parcours d'apprentissage linguistique qui en a été jusque-là privé. Ce sont des enfants mal entendus parce que leurs questions — souvent indirectement formulées — sont restées sans réponses. Ce sont aussi les enfants du malentendu, c'est-à-dire conduits à nouer avec le langage un malentendu fondamental : ils sont persuadés que la communication ne peut exister que si on la cantonne dans un espace restreint et dans un contexte d'extrême prévisibilité. Ils arrivent à l'École déjà résignés à n'avoir aucune prise sur le monde, à ne revendiquer aucun pouvoir linguistique sur les autres ; ils ont déjà renoncé à la conquête collective du sens pour ne plus s'occuper que de se protéger individuellement d'un monde où les menaces leur paraissent l'emporter largement sur les promesses. Pour eux, l'École maternelle se doit d'élaborer une pédagogie, non pas palliative, mais compensatrice, de réhabiliter au plan sémiologique et culturel certains des enfants qui lui sont confiés. Y renoncer équivaut à vider de leur sens les mots de justice et de démocratisation scolaire ; mots d'un discours démagogique cachant mal la réalité honteuse du couloir qui mène inéluctablement à l'illettrisme et à l'exclusion.

Face à ce vrai défi, notre école maternelle déploie des trésors d'ingéniosité, appelle à la rescousse toute son expérience pédagogique, puise dans ses ressources considérables de créativité. Mais les promesses d'éveil et d'épanouissement ne constituent pas aujourd'hui une réponse pertinente à la détresse sémiologique de certains élèves. Ces assurances ne peuvent convaincre des parents hantés par la crainte de l'échec scolaire, de l'illettrisme et du chômage. Si l'on n'y prend pas garde, l'École maternelle risque de devenir un *lieu pédagogiquement ambigu* : lieu d'accueil offrant d'intéressantes activités auquel les parents confieront volontiers leurs tout jeunes enfants ; mais un lieu qu'ils tenteront de leur faire quitter au plus vite afin que commencent vraiment les choses sérieuses. Le rattachement de la classe de grande section au cycle 2 [4] ne peut qu'accentuer un processus de banalisation déjà largement engagé ; cette classe sera systématiquement « sautée » par certains élèves dont les parents jugeront

4. Cycle 2 : grande section de l'école maternelle, cours préparatoire et cours élémentaire 1re année.

qu'ils ont mieux à faire, pour d'autres, elle fonctionnera comme un précours préparatoire où l'on tentera d'anticiper l'apprentissage du code écrit alors même que les conditions d'une entrée réussie dans le monde de l'écrit seront bien loin d'avoir été réunies : c'est en fait l'échec que l'on préparera au lieu de créer les conditions d'une réussite encore possible.

La suppression du corps des inspectrices des écoles maternelles fut un mauvais coup porté à la qualité et à la cohérence de la démarche pédagogique. Ces femmes engagées, nourries aux principes de Wallon, d'Alain et d'autres, défendirent l'idée que les activités proposées aux élèves ne valaient que dans la mesure où elles permettaient de comprendre et de maîtriser leur relation à la langue et au monde. Un rien sectaires, peut-être ; portées parfois à une défense systématique de leur territoire ; mais combien concernées, combien exigeantes, combien décidées à ne jamais confondre diversité et cohérence. La disparition des inspectrices des écoles maternelles a certainement accéléré un mouvement de dispersion et d'hétérogénéité qui nuit considérablement aujourd'hui à la prise de conscience collective de la nécessité d'une refondation pédagogique.

Or c'est bien une refondation pédagogique qu'il s'agit d'envisager, pas seulement parce qu'il faut sauver l'école maternelle française de la banalisation et de l'ambiguïté, mais surtout parce qu'elle constitue la première réponse au problème aujourd'hui posé par certains élèves de trois à cinq ans qui, quoique de langue maternelle française et de parents francophones, arrivent à l'école avec une langue orale très éloignée de la langue qu'ils vont rencontrer en apprenant à lire et à écrire. Ne craignons pas de le dire, ils parlent une langue *étrangère* à celle sur laquelle reposera leur apprentissage de la lecture et de l'écriture. S'il s'agissait simplement d'une pauvreté de vocabulaire, le problème serait moins grave. Mais il s'agit des structures mêmes de la langue, de sa syntaxe, de son système de temps, de ses articulations logiques... Le langage dont disposent certains élèves à la veille d'entrer au cours préparatoire est incompatible avec une entrée réussie dans le monde de l'écrit. Apprendre à lire n'est pas apprendre une langue nouvelle : c'est apprendre à maîtriser le code écrit d'une langue que l'on connaît déjà. Si un enfant se trouve enfermé dans un usage quasi étranger à la langue commune, il sera d'emblée coupé de la langue écrite et condamné à n'en jamais vraiment maîtriser l'usage. La priorité de l'École maternelle française est de donner à tous les enfants qui lui sont confiés une maîtrise de la langue qui leur permettra, une fois élucidés les mystères du code écrit, de reconnaître sous le texte d'un autre leur propre langue. C'est à la maîtresse (ou au maître) de jouer pleinement et ostensiblement son rôle de modèle. Elle doit savoir alterner les moments où son langage est celui de la connivence et de l'affectivité avec ceux — essentiels — où son discours met les enfants à distance d'elle-même et de son propos. Pour certains enfants, la maîtresse est leur seule chance d'observer « en action » un adulte qui leur adresse un discours explicatif, argumentatif ou narratif suffisamment structuré, organisé pour pouvoir leur apporter une information qu'ils ignorent. Il est certes de la mission d'une maîtresse d'école maternelle sinon de rendre ses élèves heureux, du moins de leur apporter un peu de chaleur et de tendresse ; son discours « pédagogique » doit cependant introduire la distance et démontrer que la langue est essentiellement faite pour dépasser la connivence.

L'École en général, et l'école maternelle en particulier, est certes mieux armée pour faire faire et faire apprendre que pour faire comprendre. Rien n'est plus difficile, mais rien n'est plus fondamental que de créer dans une classe les conditions propices à ces éclairs individuels en même temps que collectivement ressentis, qui expriment et ponctuent la découverte du *pourquoi* et du *comment* du langage. « Ah ! c'est donc à cela que ça sert ! » ; « Ah ! c'est donc comme cela qu'il faut faire ! ». Il est nécessaire de mobiliser toutes les forces pédagogiques de l'école maternelle pour que tous les enfants aient la chance de vivre ces moments privilégiés où la langue en se dévoilant laisse entrevoir un monde digne d'être conquis.

2. Les conditions d'un apprentissage réussi de la lecture

Apprendre à lire n'est ni inné ni magique

Lorsque l'on observe un bon lecteur en train de lire, son comportement paraît aussi « naturel » que s'il nageait ou faisait du vélo. D'où la déduction un peu rapide qu'il suffit de mettre un enfant en situation de lire pour que, découvrant spontanément enjeux et mécanismes, il naisse à la lecture avec autant de plaisir que d'efficacité. Cette conception de l'apprentissage de la lecture — que José Morais [5] qualifie fort justement de « romantique » — est aussi peu fondée scientifiquement que dangereuse au plan pédagogique.

La langue écrite est un *code* ; entre la composition orthographique d'un mot et le sens qui lui correspond, il existe une relation que l'on qualifie d'arbitraire. Rien ne prédispose la forme graphique du mot « boulangerie » à évoquer l'endroit où l'on vend du pain ; pas plus qu'en anglais, le mot « bakery » à désigner ce lieu ou bien en espagnol le mot « panaderia ». C'est uniquement parce que tous les membres de la communauté linguistique

---

5. José Morais, « Compréhension/décodage et acquisition de la lecture », dans *Actes de la Villette*, Nathan, 1994, p. 10 à 19.

française acceptent le fait que c'est bien la combinaison orthographique « b-ou-l-an-ge-r-ie » et pas une autre qui doit être associée au sens de « endroit où se vend le pain » que ce mot existe et fait partie de notre vocabulaire. Chaque mot fait ainsi l'objet d'une *convention* sociale qui accouple un support graphique spécifique à un sens spécifique et cet accouplement n'a rien de « naturel ». On ne peut donc pas découvrir spontanément l'identité d'un mot comme on peut, à leur simple vue, identifier un objet ou un être. Les 26 lettres de l'alphabet permettent, en se combinant, de façon à chaque fois différente, de fournir des supports arbitraires aux dizaines de milliers de mots du français. Si, pour un lecteur expert il paraît naturel de lier telle combinaison de lettres à tel sens, c'est parce qu'il a réussi à rendre automatique ce processus d'identification. Ce n'est pas le cas d'un apprenti-lecteur qui, lui, doit percer les secrets du code écrit et, pour ce faire, a besoin qu'on lui en livre progressivement les clés.

L'activité de lecture tout comme l'activité de parole sont spécifiques à l'espèce humaine, mais ni l'une ni l'autre ne découlent de capacités innées qu'il suffirait d'activer par simple exposition aux discours et aux textes. Identifier les mots, comprendre les phrases, construire le sens d'un texte sont au contraire le résultat d'un apprentissage souvent laborieux guidé par des médiateurs attentifs et exigeants. Beaucoup de ceux qui parlent de lecture n'ont pas compris *qu'apprendre à lire*, c'est nécessairement découvrir progressivement les mécanismes complexes d'un code, alors que *savoir lire*, c'est les maîtriser avec une telle dextérité que l'on en oublierait presque son parcours d'apprentissage. Il faudra des situations de lecture particulièrement délicates pour qu'un lecteur ait recours de façon consciente et délibérée aux mécanismes jadis appris. Confronté à un mot peu fréquent ou à une tournure inusitée ou archaïque, il sera obligé d'interroger la composition du mot ou l'organisation de la phrase. On voit que la comparaison avec le vélo ou la natation n'a aucun fondement. On apprend à lire en élucidant consciemment les règles conventionnelles qui régissent le code écrit : la composition orthographique des mots, les indicateurs grammaticaux qui assurent la construction des phrases, les connecteurs qui donnent aux textes leur cohérence. Plus on avance dans la maîtrise de la lecture, plus les opérations de décodage s'automatisent et s'effectuent de manière inconsciente jusqu'à donner l'illusion que le sens jaillit du texte sans que l'on se donne même la peine de le construire.

Prenons l'exemple de ce que l'on appelle images en 3 D (trois dimensions) : il s'agit de cartes de dimensions variables qui, à première vue, ne représentent aucun objet ou scène identifiables. Lorsqu'on les fixe suffisamment longtemps, une image cohérente se met à émerger du chaos initial et s'impose aux yeux étonnés du spectateur. Cette expérience — par ailleurs amusante — est *à l'opposé* de la lecture. Pourtant, j'ai entendu récemment dans une classe une maîtresse, animée des meilleures intentions, dire à ses élèves de CE 1 que s'ils parvenaient à lire un texte comme ils « lisaient » une image en 3 D, ils deviendraient de très bons lecteurs. C'est une confusion totale d'associer la lecture d'une phrase ou d'un texte à une simple activité de perception visuelle. Comme s'il suffisait de regarder avec suffisamment de patience un texte écrit pour que le sens en émerge tout seul ; comme si la lecture était le résultat d'une mutation magique qui transcenderait successivité et linéarité pour engendrer une globalité significative. Au contraire : le plaisir de lire, la joie de la découverte du sens dépendent d'un travail minutieux de *repérage*, d'*identification* et de *construction*. Oublier cette tâche, occulter ce labeur afin de vivre l'éblouissante illusion d'une création personnelle constituent parfois le privilège du lecteur accompli. En fait, la quête attentive et la construction précise sont bien au centre de tout acte de lecture ; elles constituent un hommage silencieux au texte et à son auteur.

Apprendre à bien identifier les mots

C'est bien le moins, dira-t-on, que l'on attend d'un enseignement véritable de la lecture. Et pourtant, à la fin de l'école primaire, et même plus tard, certains élèves ne possèdent pas cette compétence élémentaire. Dans le chapitre intitulé « Comment lisent les illettrés ? » (p. 31), on a décrit les difficultés rencontrées par de jeunes adultes à identifier les mots d'un texte. Ils reconnaissaient en moyenne un mot sur vingt et compensaient cet énorme déficit en inventant des histoires qui n'avaient que peu de choses à voir avec le texte qui leur était soumis. En règle générale, les recherches font apparaître que les jeunes adultes en difficulté de lecture ont une capacité d'identification des mots très insuffisante ; sans être la seule cause de l'illettrisme, ce handicap en constitue une des composantes majeures. Faute d'une identification des mots précise et complète, la lecture d'un texte est approximative sinon aléatoire. Lors de l'apprentissage de la lecture, il importe donc que l'on veille tout particulièrement à ce que tous les élèves apprennent à identifier les mots avec efficacité ; c'est-à-dire en alliant rapidité et précision. Une question se pose alors : « Comment apprend-on à identifier les mots écrits ? » Les réponses ont déchaîné les polémiques, provoqué des querelles de chapelles, et entraîné des conflits entre les méthodes de lecture.

Identifier les mots n'a rien à voir avec un *jeu de devinettes* : il ne s'agit pas de supputer, de tâtonner, d'interroger le contexte dans lequel se trouve un mot pour identifier celui-ci. Les travaux menés notamment par Perfetti [6]

6. Perfetti, « Représentation et prise de conscience au cours de l'apprentissage de la lecture », dans *L'Apprenti lecteur*, Delachaux et Niestlé, 1989.

montrent de façon très convaincante que ce sont les mauvais lecteurs qui se servent du contexte pour reconnaître les mots, alors que les bons lecteurs n'y ont pas recours. Il explique ce constat par le fait que chez les bons lecteurs les mécanismes de décodage sont très rapides, ce qui fait que « le contexte arrive trop tard » ; par contre, les mauvais lecteurs décodent lentement et le contexte arrive alors à temps pour leur fournir l'aide nécessaire. Engager un élève dans une démarche qui réduit l'identification d'un mot à la résolution d'un problème est à la fois faux sur le plan scientifique et dangereux sur le plan pédagogique. L'identité d'un mot n'est jamais de l'ordre du « peut-être» ; on peut se tromper ; on peut réussir ; mais dans l'un ou l'autre cas, c'est la maîtrise du code et non l'apport aléatoire du contexte qui conditionne la réussite ou l'échec.

Reconnaître les relations entre lettres et sons

Le langage oral est composé de plusieurs milliers de mots. Pour se comprendre, il faut distinguer ces mots les uns des autres ; c'est-à-dire que, pour chacun de ces milliers de mots, nous devons être capables d'associer un sens spécifique à un bruit spécifique ; par exemple :

mɛzɔ̃	tabl
« idée de maison »	« idée de table »...

Pour parler, nous devons reconnaître et produire des milliers de bruits suffisamment distincts les uns des autres pour qu'ils ne puissent être confondus. La langue française dispose de 34 sons qui, en se combinant de manière chaque fois spécifique, permettent de fabriquer des supports capables d'évoquer personnages, êtres, objets et concepts nécessaires à la communication. Ainsi à partir de seuls sons [a], [l] et [p] on peut fabriquer les mots :

[pla]	[lap]	[pal]	[alp]
« plat »	« lappe »	« pâle »	« Alpes »

Au seuil de son apprentissage de la lecture, un enfant de six ans a déjà fabriqué une sorte de dictionnaire mental au sein duquel à chaque combinaison spécifique de *sons* correspond un sens spécifique : c'est en s'y référant qu'il choisit ses mots et qu'il comprend ceux qui lui sont adressés.

De la même façon, le langage écrit nécessite des milliers de supports graphiques distincts les uns des autres. Pour fabriquer ces milliers de formes graphiques différentes, la langue française dispose des vingt-six lettres de l'alphabet et les combine de façon chaque fois différente pour fabriquer les mots écrits. Lorsqu'on lit, on doit ainsi être capable d'associer à chaque combinaison de lettres un sens particulier. Un enfant de six ans qui entre en apprentissage de la lecture se trouve d'emblée confronté à la nécessité de découvrir quel personnage, quel objet, quelle action, quelle qualité se cachent sous tel ou tel assemblage de lettres. Peut-on sérieusement imaginer que cet enfant soit capable d'emmagasiner les formes globales de dizaines, puis de centaines, puis de milliers de mots différents ?

Au tout début de ses contacts avec les mots il en distinguera quelques-uns par leur longueur, leur allure générale, leur silhouette ; mais il va vite se rendre compte que de tels critères de distinction sont très insuffisants. Cette phase, que l'on appelle « logographique », est courte et laisse place à une démarche plus productive d'identification des mots. Sur quoi l'enfant va-t-il s'appuyer ? Pour l'instant, il dispose pour parler d'un lexique mental dans lequel le sens de chaque mot est associé à une combinaison particulière de sons. Il lui sufffit donc de faire correspondre l'assemblage des lettres qu'il voit sur la page à l'assemblage de sons qu'il a dans sa mémoire pour être conduit au sens du mot écrit ; la chose paraît facile, mais quelques exemples vont nous montrer que les relations entre lettres et sons sont plus complexes que l'on pourrait le souhaiter.

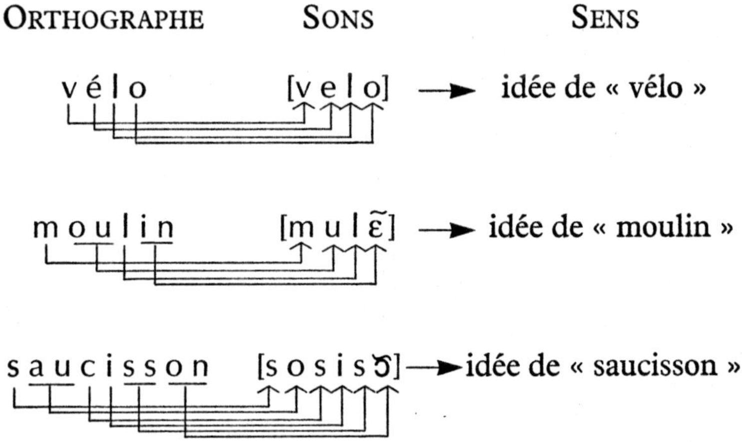

On voit bien que, si pour le mot « vélo » la correspondance sons-lettres est directe, pour le mot « moulin », par contre, les deux lettres « o » et « u » doivent être groupées pour appeler le son [u] de même que i et n pour parvenir au son [ɛ̂]. Le mot « saucisson » comporte une difficulté supplémentaire : au même son [s] correspondent trois façons différentes d'écrire : « s », « c » (+i) et « ss ». On peut penser que la complexité des relations entre lettres et sons est telle qu'en expliquer le fonctionnement à l'apprenti lecteur le détournera de la recherche du sens. Ce serait une erreur, car derrière cette complexité, existe une régularité des règles de correspondances entre lettres et sons que l'élève *doit* découvrir. On ne peut pas faire l'économie de cet enseignement. S'il ne constitue pas le seul but de l'apprentissage de la lecture, il en est une partie intégrante. La très grande majorité des recherches sérieuses et récentes ont démontré qu'un apprentissage privé de l'enseignement des relations entre lettres et sons donne de moins bons résultats en ce qui concerne non seulement l'identification des mots isolés, mais aussi la compréhension des phrases et des textes[7]. C'est parce qu'il sait associer l'assemblage de lettres d'un mot écrit à l'assemblage de sons du mot oral qui lui correspond que l'élève peut découvrir le sens d'un mot qu'il n'a jamais lu : sans cette capacité, il serait en échec ou en dépendance devant chaque mot perçu pour la première fois. Du reste, c'est ce même parcours que nous-mêmes, lecteurs accomplis, empruntons lorsque nous nous trouvons confrontés à un mot que nous avons peu, voire jamais rencontré : nous interrogeons notre dictionnaire mental *oral* afin qu'il nous livre (s'il le possède) le sens du mot dont l'orthographe ne nous est pas familière ; en cas de non réponse, ce sont les pages du dictionnaire que nous allons consulter.

On est alors en droit de se poser la question suivante : « Puisque l'enseignement des relations entre lettres et sons est à la fois nécessaire et possible, pourquoi tant de discussions, de polémiques et d'anathèmes ? » On entre là dans le domaine des préjugés et des a priori. Certains, confondant lecture experte et situation d'apprentissage, prétendent que l'effort de décodage des mots s'oppose à la compréhension. Ces mêmes « spécialistes » ont décrété que si des élèves de 8 ou 9 ans étaient encore cantonnés dans une lecture de déchiffrage, c'est qu'ils avaient été « déformés » par des enseignants qui avaient fait la part trop belle à l'explicitation des relations entre lettres et sons. En d'autres termes, les déchiffreurs laborieux seraient ceux à qui l'on aurait *trop* appris à décoder. La réalité est exactement le contraire. Il s'agit d'élèves à qui l'on a *mal* appris et que l'on n'a pas suffisamment entraînés à établir avec précision et efficacité les relations entre les combinaisons de lettres et leurs correspondants pho-

7. José Morais, « Compréhension et décodage », dans *Actes de la Villette*, Nathan, 1993, p. 17.

niques. Répétons-le : le recours à la forme phonique des mots est pour l'élève un moyen d'entrer dans le code écrit en se servant de ce qu'il possède : les mots du langage oral. Ce n'est pas une fin en soi ; le but de l'apprentissage de la lecture est de permettre à l'élève d'abandonner le passage par les sons en se constituant progressivement un dictionnaire mental dans lequel la forme orthographique de chaque mot sera directement reliée au sens qui lui correspond. Mieux on fera découvrir les liens complexes mais réguliers qui existent entre les mots écrits et les mots oraux, mieux on entraînera l'élève à automatiser le passage des uns aux autres, et plus on lui donnera de chances d'accéder directement au sens des mots à partir de la seule reconnaissance de leurs formes orthographiques. Au lieu de dénoncer un excès de décodage dans l'enseignement de la lecture, il s'agit au contraire de veiller à ce que *tous* les élèves en acquièrent la maîtrise. Grâce à un entraînement bien mené, cette mise en relation deviendra suffisamment automatique pour que, peu à peu, le bruit s'efface et que de l'orthographe naisse directement le sens.

Si un bon lecteur est nécessairement doté d'une bonne capacité d'identification des mots, il ne suffit pas de bien identifier les mots pour être un bon lecteur. Capacité *nécessaire* à une lecture efficace, l'identification des mots n'est *pas suffisante* pour découvrir le sens des phrases et des textes. Apprendre à lire, c'est aussi percevoir les indicateurs grammaticaux qui organisent les phrases, prendre en compte les marqueurs logiques et chronologiques qui donnent cohérence aux textes et choisir les stratégies de lecture qui respectent le texte autant qu'elles l'interprètent.

Reconnaître la construction grammaticale des phrases et des textes

S'il est un domaine négligé par l'enseignement de la lecture, c'est bien celui de la grammaire. « On a le temps », se dit-on, « d'ennuyer ces pauvres enfants avec des règles, des définitions, des classements ; qu'ils apprennent d'abord à lire. On verra après ! »

Eh bien justement, on n'a pas le temps d'attendre ! Car pour apprendre à lire, il faut absolument être capable d'identifier les indicateurs qui donnent aux mots de la phrase leurs fonctions et leur permettent de créer ensemble une réalité homogène. Lire une phrase, c'est identifier les mots et en même temps reconnaître leurs rôles grammaticaux respectifs. Sans reconnaissance de l'organisation grammaticale d'une phrase, il n'y a pas de construction du sens, il n'y a pas de lecture. Cette nécessité s'impose d'autant plus, on l'a vu, qu'arrivent, au cours préparatoire, des élèves dont la langue orale est très différente, notamment dans ses structures grammaticales, de celle qu'ils vont découvrir dans leur livre de lecture. Imaginons un enfant habitué à entendre ou à utiliser des phrases telles que :

« Vanessa, mon dessin, elle me l'a déchiré »,

ou

« Mon dessin, elle me l'a déchiré, Vanessa »,

ou

« Elle me l'a déchiré, mon dessin, Vanessa »,

ou encore

« Tiphaine, son dessin, Vanessa elle l'a déchiré ».

Il sera complètement désarçonné devant des phrases de construction apparemment plus simple telles que :

« Vanessa a déchiré mon dessin »,

ou

« Vanessa a déchiré le dessin de Tiphaine ».

L'écart grandissant entre les constructions grammaticales utilisées à l'oral par les élèves et celles qui organisent les premières phrases soumises à leur lecture exige qu'au cours préparatoire, on accompagne avec soin le jeune enfant dans la découverte d'une organisation et de règles inconnues de lui. Il ne s'agit pas de « faire de la grammaire » avec des élèves de cours préparatoire. Il ne s'agit nullement de leur apprendre à reconnaître et à nommer natures et fonctions des mots et groupes de mots : classifications et nomenclatures peuvent attendre le cycle 3 [8]. Mais il est impératif d'apprendre aux apprentis-lecteurs à attribuer aux mots et groupes de mots le *rôle* qui leur revient dans le *spectacle* qu'ils tentent de mettre en scène : qui fait quoi ? où ? quand ? avec qui ?... Faute de quoi, il n'y aura pas de compréhension mais un égrènement monotone de mots successivement identifiés.

Mais comment faire de la grammaire sans le dire ? Dans une quinzaine de classes de cours préparatoire appartenant à une ZEP de la région du Nord, j'ai expérimenté une démarche qui a donné des résultats prometteurs. Elle repose sur une idée simple : les mots d'une phrase sont les acteurs et plantent le décor d'une pièce que le lecteur doit mettre en scène. Les indicateurs grammaticaux sont là pour attribuer à chaque mot le rôle qu'on lui destine. Dans une pièce, un acteur peut « coller » au rôle qui lui est confié ou au contraire être utilisé à contre-emploi. Il en va de même pour les mots d'une phrase. Dans la phrase : « La petite fille a mangé un carré de chocolat », les rôles joués respectivement par « petite fille » et « carré de chocolat » leur conviennent parfaitement ; personne ne s'étonne que la petite fille mange et que le chocolat soit mangé. Par contre, si on lit : « Le carré de chocolat a mangé la petite fille », les rôles respectivement attribués aux mots-acteurs sont incongrus ; on les oblige à jouer à contre-emploi et le lecteur s'interroge : qui mange ? qui est mangé ? Le caractère inattendu de la mise en scène grammaticale entraîne « naturellement » un *questionnement* sur l'organisation grammaticale de la phrase :

8. Cycle 3 : cours élémentaire 2e année, cours moyen 1re année et 2e année (8 à 11 ans)

« Comment ! vous (mot ou groupe de mots), dans ce rôle (fonction grammaticale) ? Comme c'est bizarre ! » En provoquant la question grammaticale, on permet ainsi aux élèves de prendre progressivement conscience que la mise en scène d'une phrase n'est pas aléatoire, qu'elle est *réglée* par des indications précises qu'il convient d'identifier et de prendre en compte.

C'est dans cette perspective que depuis des années certains enseignants de CP conduisent une pédagogie de grammaire implicite. Deux ou trois fois par semaine, ils proposent ce que les élèves appellent des « phrases rigolotes » à travers lesquelles ils découvrent progressivement les rôles d'agent, de patient, de destinataire, de lieu, de temps...

Nous sommes dans une classe où le maître vient d'écrire au tableau la phrase « rigolote » suivante :

« Les petits poissons nagent dans la cour de l'école. »

Les élèves lisent, font des mimiques étonnées, des rires fusent puis des questions jaillissent : « *Où* tu dis qu'ils nagent les poissons ? », « C'est *dans la cour* qu'ils nagent les poissons ? », « C'est pas *dans la cour* que les poissons ils nagent ! ». Ces questions sont de vraies questions de grammaire : elles ont isolé un groupe « dans la cour de l'école » et lui ont attribué une fonction : celle de circonstance de lieu.

Le maître écrit ensuite :

« Les enfants jouent au fond de la rivière. »

La même surprise se manifeste ; les mêmes questions sont posées à propos du lieu où se passe l'action. Le rapprochement entre les deux phrases se fait pratiquement de lui-même ; le groupe « dans la cour de l'école » est substitué au groupe « au fond de la rivière », rétablissant ainsi des phrases plus en accord avec ce que le monde nous présente habituellement. Je me souviens encore de cet enfant qui vint en fin de séance compléter ainsi la première phrase : « Les petits poissons nagent dans la cour de l'école *inondée.* » En ajoutant cet adjectif, il rendait normal ce qui était incongru ; en même temps, il témoignait qu'avant même de savoir nommer les catégories et les fonctions, un élève apprenant à lire est capable de manifester un sens aigu de la grammaire. Avec patience et régularité, mais en donnant aussi le plaisir de jouer avec l'organisation des mots et la construction du sens, les enseignants passent ainsi en revue les fonctions essentielles des mots et des groupes, jusqu'à faire émerger les constituants des groupes nominaux à partir de phrases comme : « la lune *bleue* sourit dans le ciel *vert* » dont le caractère poétique n'interdit pas le questionnement sur les adjectifs qualificatifs utilisés.

Tout au long de leur apprentissage de la lecture, les élèves doivent comprendre, qu'au-delà de leur alignement systématique, les mots se groupent pour porter sur la scène de la mise en sens des acteurs qui chacun joue un rôle ; ils doivent percevoir que des décors de lieux et de temps actualisent cette représentation ; ils réaliseront ainsi que cette grande mise en scène qu'est la compréhension est organisée avec précision par des indicateurs dont on ne doit jamais négliger l'importance. Au-delà du cadre de la phrase, il convient, aussi tôt que possible, que l'apprenti-lecteur prenne conscience qu'un *texte*, aussi court soit-il, n'est pas une simple juxtaposition de phrases. On doit lui montrer, preuves à l'appui, qu'il y a des « avant » et des « après », qu'entre deux événements il existe des relations de cause à effet, ou de finalité, que le même personnage va s'appeler d'abord Catherine puis « elle », puis « la jolie petite fille ». Il découvrira qu'un texte possède une réelle *cohérence* et identifiera les indices qui la manifestent.

Nous emprunterons un exemple d'activité à un manuel de lecture [9] destiné au cours préparatoire afin de montrer comment, dès le mois de mars, on peut engager des élèves sur de tels parcours de découverte :

> Voici un petit texte dont les indicateurs de cohérence sont soulignés :
> « Quand les éléphants sont arrivés, Arthur a salué le roi et lui a offert une couronne d'or. Puis Mélanie et Rachid ont voulu se lever pour saluer aussi le roi des éléphants. Mais soudain, ils sont tombés à l'eau car ils étaient assis sur un crocodile. Finalement, Gafi a dit sa formule miracle pour sauver tout le monde. »

Le maître propose au tableau une liste de mots parmi lesquels les élèves choisissent pour remplacer chaque mot souligné :
Pour finir, une fois que, après que, alors, subitement, afin de, lorsque, ensuite, d'un seul coup, parce que, heureusement, enfin.
Les élèves justifient chacune de leurs propositions, ce qui ouvre une discussion extrêmement animée sur les rôles joués par les *connecteurs* [10] ; d'autres connecteurs sont proposés, certains acceptés, certains refusés au nom de la cohérence du texte.

La maîtrise de plus en plus automatique des procédures de décodage donne progressivement à l'acte de lire une apparence de naturel, d'évidence et de facilité ; mais cette automatisation, qui libère le lecteur des soucis du code, s'est nourrie d'un travail à la fois lucide et laborieux qui a permis de dominer suffisamment les mécanismes du code

9. *Gafi, le fantôme*. Méthode de lecture CP, Nathan, 1992.
10. Ce sont les mots qui indiquent les relations logiques ou chronologiques entre les phrases et qui donnent au texte sa cohérence.

écrit pour que l'intelligence du lecteur puisse se vouer tout entière à la construction du sens. Le plaisir de lire, l'éblouissement du comprendre sont les récompenses d'un parcours souvent difficile mais toujours passionnant au cours duquel l'élève élucide les règles de fonctionnement du code écrit et s'applique, jour après jour, à en maîtriser les mécanismes avec de plus en plus de dextérité. En aucun cas — les enseignants doivent se garder de cette illusion — la seule fréquentation, si assidue soit-elle, des textes écrits, ne peut déclencher « sans même qu'on y prenne garde » le savoir lire.

Transformer l'apprenti-lecteur en lecteur responsable

Qui doute aujourd'hui que lire c'est comprendre ? Tous ceux qui savent lire convenablement, c'est-à-dire plus de 80 % d'une population parmi lesquels on compte évidemment les maîtresses et maîtres d'école, savent que la finalité de l'acte de lire est de construire du sens. Les instituteurs n'ont évidemment pas attendu le début des années 70 pour qu'une telle vérité leur fût révélée. On n'améliore pas vraiment la réflexion sur l'enseignement de la lecture en se contenant de répéter haut et fort : « Lire c'est comprendre ». Il y aurait même là quelque chose d'injurieux pour un corps enseignant dont on a l'air de soupçonner la plupart des membres — en dehors de quelques initiés — de penser que lire c'est... faire du bruit. La question pédagogique centrale n'est pas de persuader un enfant de faire du sens au lieu de faire du bruit ; la question est de lui montrer comment on négocie avec un texte écrit, comment on assume pleinement sa responsabilité de lecteur, comment enfin on peut affirmer son droit d'interprétation tout en respectant la volonté de l'auteur. La question pédagogique posée par la construction du sens est donc au moins autant de l'ordre de l'*éthique* que de l'ordre de la technique.

De façon quelque peu schématique, disons qu'il y a deux façons de ne pas savoir lire — au-delà, bien sûr, d'une ignorance absolue du code écrit.

La *première* consiste en une soumission d'une telle servilité à la phrase et au texte que l'on n'en effleure même pas le sens : on leur donne forme sonore, on aligne mots après mots, mais on ne s'appuie pas sur l'écrit pour édifier soi-même une représentation. Englué dans un rapport malhabile avec les mécanismes du code, tous efforts focalisés sur une identification laborieuse des mots, obnubilé par l'alignement des segments successifs, le déchiffreur maladroit n'investit rien de lui même dans sa lecture. Un élève qui n'a pas les moyens d'*automatiser* ses procédures de décodage se condamne ainsi le plus souvent à un déchiffrage à courte vue ; il subit passivement et douloureusement une loi dont il ne maîtrise ni les enjeux ni les règles.

La *seconde* façon de ne pas savoir lire est à l'opposé de la première. C'est le cas de ceux qui situent ailleurs que dans le texte lui-même les fondements essentiels de leur compréhension. Ignorant dans une proportion importante les directives données par les phrases et les textes, ils n'en construisent pas véritablement le sens mais tentent de l'*inventer* en s'appuyant sur la base fragile d'indices très partiellement reconnus. Le texte devient alors un prétexte à imaginer des histoires dont le sens, élaboré à partir de quelques mots glanés au hasard d'un survol, vient largement d'ailleurs. Le plus souvent, cette « lecture » approximative, qui destitue le texte de sa fonction, aboutit à un sens nourri de stéréotypes et de banalités fictionnelles ; ce comportement déviant caractérise une forte majorité des jeunes adultes illettrés (p. 3).

Apprendre à un élève à se comporter en lecteur responsable ne signifie pas qu'on le condamne à choisir entre servilité passive et irrespect débridé. Un instituteur ne saurait être l'otage de clans qui fondent leur existence et leur légitimité sur une définition partielle (et partiale) de l'acte de lecture. Il doit amener ses élèves à un *juste équilibre* entre le respect lucide du texte et l'engagement personnel dans la construction du sens. Tout déséquilibre entraîne sa chute : autant une soumission aveugle aux seules conventions du code condamne le lecteur au déchiffrement aride, autant l'ignorance de ces mêmes conventions nie la spécificité du texte et rend l'acte de lecture orphelin de l'auteur.

L'art d'une maîtresse (ou d'un maître) consiste à faire prendre conscience à ses élèves que la lecture n'est ni servile ni irrespectueuse, qu'elle est à la fois contraignante et libératrice, qu'elle impose d'obéir aux injonctions du texte et en même temps propose un investissement personnel et intime. Dès le cours préparatoire et au long de la scolarité, l'école doit tirer parti de toutes les occasions de lecture afin de révéler aux apprentis-lecteurs leurs droits et leurs devoirs : droit d'interprétation et devoir de respect du texte. Complémentairement à une pédagogie qui vise la maîtrise des mécanismes du code écrit, s'impose donc la mise en œuvre urgente d'une démarche qui inscrira le principe de *probité*[11] au cœur même du comportement du lecteur.

Pour une pédagogie de la probité de lecture

Traduire en actes pédagogiques le principe de « probité de lecture » n'est pas facile. C'est un comportement qui ne s'imite pas ; il n'est pas le résultat d'explications ou d'injonctions. Il émerge d'une pratique lucidement mise en scène, soigneusement accompagnée par un maître dont la bienveillance ne le cède en rien à l'exigence. En compagnie d'un certain nombre d'institut(trices)eurs, nous avons tenté de créer dans la classe les conditions d'une

11. J'emprunte ce concept à Philippe Merieu en l'adaptant à mon propos.

prise de conscience de *ce que lire veut dire*. À la fin du mois d'avril 1993, dans une classe de cours préparatoire de l'est de la France, un maître de notre groupe nous invite à assister à une « leçon de lecture revisitée » qui réunit dix de ses élèves en atelier-lecture. Elle s'articule en trois phases.

Le maître a choisi un texte qui correspond aux capacités de ses élèves à cette période de l'année. Il s'agit d'une version très simplifiée du *Petit Poucet* (150 mots environ). Il distribue le texte et dit à ses élèves : « Vous allez lire ce texte pour vous, sans faire de bruit. » Au bout de cinq minutes, il met fin à cette première phase [12], demande de laisser le texte de côté, et invite les élèves à dire ce qu'ils ont compris. Cette deuxième séquence, dont la durée est elle aussi limitée (6 à 8 minutes), permet aux élèves d'exprimer les différentes représentations que la lecture du texte a suscitées. Le maître veille à ce que le maximum d'élèves s'expriment et note soigneusement au tableau les différentes propositions en plaçant en regard celles qui relatent de façon différente un même passage du texte.

Par exemple :

• « Alors, il y a *une petite sœur* qui mange le pain que le Petit Poucet il a jeté », dit un élève.

• « Mais non !, corrige une autre, c'est *les oiseaux* qui mangent le pain du Petit Poucet. »

Le maître écrit côte à côte au tableau d'une part : « La petite sœur du Petit Poucet mange le pain des oiseaux », et d'autre part : « Les oiseaux mangent les morceaux de pain du Petit Poucet. »

Autre exemple :

« Le Petit Poucet, il a des parents qui sont très pauvres », dit un enfant. Non ! objecte un autre, « ils sont très

---

12. La durée de cette première phase a été déterminée en prenant en compte une très faible vitesse de lecture de moins de 30 mots à la minute.

méchants ». Le maître inscrira les deux propositions en vis-à-vis.

Cette deuxième phase ne vise pas à épuiser le sens du texte ; elle permet simplement, à propos de quelques-uns des passages de l'histoire, de mettre en évidence que les interprétations proposées par les différents lecteurs présentent des écarts significatifs. Le maître y met fin lorsqu'il a recueilli un nombre raisonnable de propositions.

Il ouvre ensuite la troisième phase : celle de *la lecture à haute voix*. Il invite quelques élèves à faire entendre à tour de rôle la voix du texte. Il s'agit là d'une phase essentielle car le texte lu à haute voix par quelques élèves joue le rôle d'arbitre entre les différentes propositions dont le maître a gardé trace au tableau : on va constater que certaines ne sont pas acceptables parce qu'elles contredisent ce que le texte impose ; mais on s'aperçoit aussi que des interprétations différentes du même passage sont recevables dans la mesure où le texte laisse une certaine liberté au lecteur. Ainsi la proposition qui désignait la petite sœur coupable d'avoir mangé les morceaux de pain fut unanimement rejetée lors de la lecture collective et cette responsabilité clairement attribuée aux petits oiseaux. Par contre, la question de savoir si les parents étaient méchants ou très pauvres fut âprement débattue, les indices recherchés, le texte relu sans que se dégage un consensus : les élèves atteignaient là le moment où s'efface la *voix du texte* et où s'exprime l'*intime conviction* du lecteur.

À la fin de cette séance, un petit garçon me dit d'un ton à la fois ravi et étonné : « Mais alors, on lit pas tous la même chose. » Je lui répondis : « Tu as raison, c'est vrai ; on ne se fait pas tous exactement le même film dans sa tête. » Une petite fille intervint alors, très sûre d'elle-même : « Oui, c'est vrai qu'on n'a pas lu tous la même chose, mais quand même c'est *plus* la même chose que si on n'avait pas eu tous la même histoire à lire. » Ces deux élèves avaient compris quelque chose d'essentiel :

l'acte de lecture accorde aux apprentis-lecteurs une liberté surveillée ; les élèves avaient pris conscience que chacun peut se faire une représentation personnelle des événements évoqués (et c'est là ce qui constitue pour chacun le plaisir intime de la compréhension) ; mais ils avaient bien noté que le texte veille à ce que l'on ne bafoue pas ses lois et conventions, qui s'adressent à tous les lecteurs avec une égale rigueur.

Pour une découverte expérimentale de la langue française

La leçon de lecture que nous venons de décrire rappelle les « leçons de choses » au cours desquelles les maîtres d'école par l'observation et la manipulation dévoilaient les mécanismes et les fonctions des phénomènes naturels. En matière de langue orale et de langue écrite, l'École doit aujourd'hui inventer dans la même perspective les situations qui dévoilent à *tous* les élèves ce que parler veut dire et ce que lire veut dire. Nous ne répéterons jamais assez que la langue est la seule discipline que l'on n'apprend pas pour elle-même mais pour les autres : autres disciplines et autres hommes. Donc, si l'on veut que tous les élèves possèdent une maîtrise convenable de la langue, l'école doit leur apprendre à adopter à l'oral comme à l'écrit un comportement linguistique à la fois responsable et flexible : *responsable*, parce que parler, lire, écrire exige que l'on choisisse un point d'équilibre entre le pouvoir que l'on exerce et le respect que l'on doit ; *flexible*, parce que textes, interlocuteurs et situations sont divers et que ce point d'équilibre doit être chaque fois remis en question, chaque fois négocié, chaque fois découvert.

Parce que bien des enfants ont manqué de modèle et de médiation dans leur cadre familial, s'impose dans nos écoles l'existence de « leçons de choses » de la langue française ; y seraient proposées des activités permettant une réflexion collective sur le fonctionnement et les enjeux de la langue orale et écrite. C'est au cours de séances d'atelier animées et orientées par le maître que tous les élèves comprendront en les manipulant à quoi servent ces mots que l'on dit « petits » mais dont l'apport est capital pour la construction du sens d'un texte. Ils s'interrogeront collectivement sur le comment et le pourquoi de la construction des phrases et de l'organisation des textes au lieu de perdre leur temps en inutiles répétitions de batteries d'exercices qui finissent le plus souvent à mettre l'exécutant en situation de réagir sans comprendre pourquoi. Un élève doit pouvoir comprendre comment *marche* la langue tout en s'entraînant systématiquement et lucidement à se servir de cet outil nouveau qu'est le code écrit. L'apprentissage de la lecture se distingue d'autres apprentissages — comme la natation et le vélo — qui se font « sans le savoir » ; il exige qu'à l'apprenti-lecteur soient dévoilées les règles de fabrication des mots, les lois de l'organisation des phrases et des textes. En d'autres termes, on doit lui faire découvrir comment fonctionne le code écrit et quels sont ses enjeux pour que les activités d'entraînement aient un sens. Mais pour jouer ce rôle d'« éclaireur de la langue », le maître doit posséder lui-même les clés de l'analyse du langage. Il faut donc rétablir à sa juste place, dans les objectifs de la *formation des maîtres*, la compétence à analyser la langue française, tant au niveau phonologique qu'au niveau syntaxique et sémantique. La langue comme objet d'étude est aujourd'hui la grande oubliée des Instituts de formation des maîtres. On tourne autour, mais on n'y entre point. Comment imaginer que les futurs maîtres d'école pourront faire découvrir par la manipulation et la démonstration les articulations d'une langue dont ils ignorent souvent les clés d'analyse ? Que la linguistique ait fait — par excès de scientificité — des erreurs la portant parfois à un formalisme aride, c'est vrai ! Mais pour autant peut-on accepter, qu'au moment même où l'on souligne enfin dans les programmes scolaires la nécessité de donner aux élèves une véritable maîtrise de la langue, on dispense avec désinvolture nos enseignants de l'analyse en profondeur des systèmes qui permettent à la langue d'être un instrument de communication ? On n'enseigne bien que ce dont on comprend vraiment le fonctionnement : un maître ne saurait être simplement un bon utilisateur de la langue doté de quelques gadgets pédagogiques. Sa formation doit comporter de véritables travaux pratiques où il découvrira les composantes phoniques du langage, les procédures syntaxiques, les structures lexicales et les règles qui régissent la communication linguistique. Ce n'est que s'il est capable d'analyser lui-même la langue qu'il pourra en révéler les mécanismes et les enjeux et compenser pour beaucoup d'élèves les carences d'un apprentissage privé de réelle médiation.

Choisir une méthode de lecture en connaissance de cause

L'enseignement de la lecture exige progression rigoureuse, intentions clairement affirmées, programmation lucide des activités, et évaluation sereine des performances. Ce n'est certainement pas en faisant tourner les élèves autour de textes écrits dans l'espoir que d'hypothèses en hypothèses ils en arrivent à en approcher le sens, que l'on mettra les élèves à l'abri de l'illettrisme. Apprendre à lire n'a rien d'un *happening pédagogique*. Si l'on ne sait pas encore décrire dans leur complexité tous les processus cognitifs qui président à l'apprentissage de la lecture, du moins connaît-on les composantes nécessaires de son enseignement. L'École doit, notamment aux élèves qui, au dehors, n'ont pas la chance de bénéficier d'attention ni de suivi, un *enseignement méthodique* qui développe la précision et la dextérité de décodage avec d'autant plus de conviction qu'elle se donne pour objectifs la flexibilité et l'autonomie de lecture.

On entendra parfois — trop souvent — dénigrer les méthodes de lecture. Dans les stages de formation, certains discours dénoncent l'impérialisme des auteurs, le goût du profit des maisons d'édition : « Toutes les méthodes sont à brûler ! Un maître digne de ce nom doit pouvoir s'en passer ; seule une absence de conviction et une indigence de formation justifient que l'on s'y accroche. » Que de démagogie, que de rancune contenues dans ces propos tenus justement par ceux qui, en matière d'apprentissage de la lecture, sont les plus radicaux, les plus intransigeants .

Ceux qui ne craignent pas de conseiller aux futurs maîtres de n'accepter en aucun cas « le joug » d'une méthode ont, en général, une conception « naturelle » de l'apprentissage : il suffirait de tremper l'élève dans un bain d'écrit, de lui tenir le menton et de lui indiquer quelques mouvements approximatifs pour qu'il finisse par maîtriser l'art de lire. C'est, comme nous l'avons vu, méconnaître obstinément les résultats les plus sûrs des recherches actuelles. C'est engager les maîtres et certains de leurs élèves les moins privilégiés dans une voie aléatoire et dangereuse ; c'est enfin refuser de comprendre qu'apprendre à lire à un élève exige autant de rigueur dans la progression que de talent, de créativité et d'inventivité pédagogique : rigueur dans la progression afin de révéler dans leur complexité les mécanismes du code écrit, talent pédagogique pour faire comprendre les fonctions et les enjeux de l'acte de lire.

Peut-on croire sérieusement que les maîtres, ayant jeté au feu les méthodes de lecture, seront tous capables de se forger chacun une démarche personnelle d'enseignement de la lecture ? Quand on sait le peu de place accordée aux questions d'apprentissage de la lecture dans la formation des maîtres, on est en droit de se demander combien seront capables de construire, une fois dans leur classe, leur propre support d'enseignement. Le résultat, dans bien des cas, est une sorte de dangereux picorage effectué dans différents manuels à grand renfort de médiocres photocopies dans une parfaite incohérence méthodologique. Une succession de « happenings pédagogiques » tient alors lieu de parcours d'enseignement : ce sont les enfants les plus favorisés qui en tireront le moins mauvais parti.

Ce n'est certainement pas faire injure aux maîtres que leur rappeler la complexité de l'apprentissage de la lecture et la somme de connaissances et de travail d'expérimentation que requiert la mise au point d'un instrument fiable et rigoureux. La mise en cohérence des différents paramètres qui interviennent dans cet apprentissage, la définition d'une progression rigoureuse, l'étalonnage des modalités d'évaluation exigent que l'on mobilise les acquis les plus sûrs de la recherche et qu'on les confronte sans indulgence aux réalités de la classe. C'est ce souci de rigueur et de pragmatisme qui fait la valeur d'une méthode de lecture. Selon ces critères, toutes les méthodes de lecture *ne sont pas égales*. Il est essentiel qu'un maître puisse choisir la sienne en toute connaissance de cause ; il convient qu'il soit en mesure d'interroger chaque méthode sur ses fondements scientifiques, sur ses objectifs pédagogiques ainsi que sur les convictions qui la portent. C'est à partir d'une analyse critique qu'un maître effectuera un choix lucide et raisonné. Loin d'être une contrainte, la méthode sélectionnée lui permettra de mobiliser tout son talent pédagogique pour révéler à ses élèves ce que lire veut dire.

La véhémence des opposants à l'utilisation d'une méthode de lecture a provoqué embarras et frilosité chez ceux qui les utilisent, les conçoivent ou les préconisent. On ne revendique pas aujourd'hui le choix d'une méthode de lecture : on s'excuserait presque d'y avoir recours, on dissimulerait volontiers le fait d'en avoir conçu une. Dans le souci d'offrir un front uni, on a voulu mettre fin aux querelles internes entre méthodes globales et synthétiques qui alimentaient suspicions et fantasmes chez les parents et les enseignants. Fut ainsi créé le marécage de la méthode dite *mixte* où l'on envoya barboter avec un égal bonheur la plupart des méthodes proposées. C'est sur cette base que s'est développé un discours politiquement correct, mais quelque peu démagogique, qui consiste à dire : « Parents, enseignants, plus de soucis ! le danger du global est écarté ; toutes les méthodes aujourd'hui sont mixtes donc sans risques ; aucune n'empêchera vos enfants d'apprendre à lire. » On appréciera à sa juste valeur un discours qui évalue la qualité d'une méthode à ce qu'elle ne constitue pas un *obstacle* à l'apprentissage, à ce qu'elle ne risque pas d'engendrer ces « maladies de lecture » que l'on nomme dyslexie, hyperlexie..., et finalement à ce qu'elle s'affiche « non toxique ». Il suffirait donc qu'une méthode ne fasse pas courir les pires dangers à la santé lexique de nos enfants pour qu'on l'adopte sans en questionner les fondements, la cohérence et les objectifs ? Ce serait faire peu de cas de l'avenir scolaire des élèves.

Il est faux de prétendre que seules des variations de formes distinguent les méthodes actuellement proposées : leurs fondements théoriques, leurs priorités pédagogiques sont souvent très différentes. Les enseignants et les parents doivent pouvoir mener une analyse objective et claire des outils d'apprentissage qui leur sont offerts ; on ne saurait les condamner à choisir une méthode de lecture pour le chatoiement des couleurs, la beauté des dessins ou bien encore l'attrait des personnages du manuel. Voici les dix questions auxquelles il me paraît utile de soumettre les méthodes de lecture si l'on veut, non pas classer par ordre de mérite, mais définir objectivement leurs options théoriques et pédagogiques respectives.

1re question : La démarche pédagogique proposée comporte-t-elle un volet explicitement consacré à la *maî-*

trise de la langue orale ? Nous avons vu qu'un certain nombre d'élèves francophones arrivent aux portes de l'écrit en parlant une langue fort éloignée de celle que leur livre de lecture va leur proposer. L'écart ne s'explique pas seulement par un vocabulaire réduit qu'il suffirait d'enrichir ; ce sont les structures des phrases et du discours qui sont défaillantes.

2e question : Les *textes* qui sont proposés respectent-ils la *progression des acquisitions* des lettres et des sons ? Dans quelle mesure les textes prennent-ils en compte les capacités d'identification des mots acquises par les élèves ? La réponse révèle un choix théorique décisif entre l'enseignement par approximations successives et l'enseignement par acquisition progressive des procédures de décodage. Il est facile de mesurer, texte après texte, la proportion des mots que l'élève ne peut identifier par lui-même : on aura une idée assez précise de l'orientation méthodologique choisie.

3e question : L'ordonnancement des textes tout au long de l'année se fonde-t-il sur une *mesure précise de leurs degrés respectifs de complexité ?* Au-delà de la longueur des textes, de la taille des caractères utilisés, il existe des moyens de mesurer la lisibilité qui s'appuient notamment sur la plus ou moins grande fréquence des mots, sur la complexité des structures syntaxiques... Ces mesures sont aujourd'hui automatisées et donc faciles à utiliser quand on veut élaborer une méthode de lecture.

4e question : La méthode fait-elle de la *maîtrise des relations entre les lettres et les sons* un de ses objectifs explicites ? En dépit de la complexité de ces relations, il existe des mécanismes de correspondance réguliers qui doivent être mis clairement en évidence ; c'est de leur automatisation que va dépendre une identification efficace des mots.

5e question : La méthode propose-t-elle une démarche cohérente vers la reconnaissance de la *construction grammaticale* des phrases ? Il n'y a pas de construction du sens sans prise en compte précise des indices grammaticaux qui donnent à chaque mot un rôle précis dans la mise en scène dont le lecteur est responsable.

6e question : La méthode prépare-t-elle explicitement les élèves à appréhender *la cohérence d'un texte* ? Il est indispensable que, dès le mois de février du cours préparatoire, les élèves comprennent qu'un texte n'est pas simplement une suite de phrases juxtaposées les unes aux autres : une méthode de lecture doit donc mettre en œuvre un entraînement spécifique pour maîtriser le jeu des pronoms personnels, l'organisation temporelle, les premières articulations logiques...

7e question : La méthode apprend-elle à gérer *la variété des types de textes* ? En d'autres termes, fait-elle comprendre aux élèves qu'on ne lit pas tout de la même façon ? C'est un point essentiel. Certaines méthodes de lecture se contentent de multiplier les textes de types différents et invitent l'élève à se « baigner » dans un ensemble souvent hétéroclite qui va de la recette de cuisine à l'affiche publicitaire en passant par le mode d'emploi. L'important au cours préparatoire et au CE 1 est de proposer une typologie restreinte de textes et de montrer aux élèves la fonction de chacun et la stratégie de lecture appropriée : les textes narratifs doivent garder une place centrale, les textes incitatifs et explicatifs venant progressivement les compléter.

8e question : La méthode incite-t-elle l'élève à questionner en profondeur *le sens des textes* ? L'élève doit apprendre à aborder avec autant d'audace que de respect la difficile opération de construction du sens. Les questions qui suivent la lecture d'un texte doivent induire un comportement qui repousse l'approximation autant que la frilosité : il est nécessaire que les questionnaires suivant les textes mettent en valeur l'importance de certaines informations ponctuelles et explicites sans omettre de souligner l'enchaînement des événements, leur organisation chronologique ou leur articulation logique.

9e question : La méthode offre-t-elle un *outil d'évalua-*

tion du savoir-lire de chaque élève ? Les classes de cours préparatoire et de CE1 sont extrêmement hétérogènes, les niveaux de compétences très inégaux tant du point de vue de la langue orale que de la lecture. Il faut qu'une méthode de lecture donne au maître les moyens de juger de façon continue le développement des capacités de lecture de chaque élève de sa classe. Il ne s'agit pas simplement de vérifier, semaine après semaine, si les acquisitions prévues ont été effectivement effectuées ; il s'agit d'évaluer si les différentes composantes de l'apprentissage de la lecture se mettent en place convenablement. Seul un outil d'évaluation du savoir-lire, dégagé des choix propres à la méthode, permettra au maître de prendre en compte les difficultés spécifiques à chaque élève : c'est un instrument indispensable pour garantir lucidité et flexibilité pédagogique.

10 ^e^ question : La méthode définit-elle une démarche d'*apprentissage de l'écriture* en cohérence avec celle de la lecture ? Il est tout à fait artificiel de dissocier l'apprentissage de la lecture de celui de l'écriture : imagine-t-on que l'on puisse séparer dans l'apprentissage de l'oral le parler du comprendre ? Une méthode aujourd'hui ne doit pas se cantonner à la lecture mais développer complémentairement les capacités de compréhension et celles de production d'écrit. La compétence de lecture et la compétence d'écriture se construisent ensemble parce qu'elles se confortent l'une l'autre. Si le tracé des lettres est chose importante, les activités d'écriture doivent s'attacher, dès le cours préparatoire, à faire découvrir progressivement les mécanismes de l'orthographe des mots : révéler et matérialiser d'abord les correspondances entre lettres et sons, puis mettre en évidence les règles de composition des mots (beau / beauté, train / traîner...), enfin montrer les chaînes d'accords qui lient les mots d'une phrase (pluriel/singulier, masculin/féminin). Il importe qu'une méthode ne dissocie pas artificiellement l'apprentissage de la lecture de celui de l'écriture, sauf à croire, comme dit l'humoriste, que « le type qui a inventé la lecture, il a inventé l'écriture tout de suite après ».

Donner aux parents leur place dans l'apprentissage de la lecture

L'École de la République fait assez peu d'efforts pour impliquer les parents dans le processus d'apprentissage de la lecture de leurs propres enfants. Au début de l'année scolaire, on consacre une petite heure à présenter la méthode de lecture de la classe (si l'on en utilise une) ; on tentera lors de cette courte séance d'information de justifier un choix souvent d'ailleurs imposé au maître par des contraintes économiques plutôt que fondé sur des critères pédagogiques. Rares sont les écoles où l'on cherche à définir les termes d'un partenariat pédagogique dans lequel l'action des parents compléterait harmonieusement la démarche scolaire. La rentrée effectuée, la porte se fermera sur un parcours d'apprentissage dont les parents seront largement ignorants tant au cours préparatoire qu'au CE1. Seul le constat d'une déficience grave provoque la convocation des parents pour une entrevue d'alarme, où l'on conseillera de recourir au soutien d'un(e) orthophoniste ou d'un psychothérapeute.

Alors même que se généralisent les informations d'inégale valeur sur les modalités et les dangers de l'apprentissage de la lecture, alors même que grandit l'anxiété des parents, bien des enseignants ont souvent tendance à se replier frileusement sur eux-mêmes, comme s'ils craignaient de voir contester leur liberté de choisir leur méthode et de suivre leur propre démarche. S'il ne s'agit évidemment pas de retirer au maître la moindre parcelle de son pouvoir pédagogique, il faut reconnaître que plus le parcours d'apprentissage apparaît opaque aux parents, plus grande est leur suspicion, plus intense leur émotion au moindre signe de difficulté, plus tentante la mise en cause globale de l'École. La très grande majorité des parents ont appris à lire ; ils en ont gardé des souvenirs, des fantasmes et souvent de la nostalgie ; ils sont prompts à comparer, à juger, à condamner. Ils sont nourris d'informations sur la dyslexie, l'illettrisme, les méfaits de telle ou telle méthode que diffusent avec autant de libéralité que d'approximation certains médias. C'est à ces parents, moins aveuglément confiants dans la capacité des maîtres à apprendre à lire à leurs enfants, que l'École doit ouvrir grand ses portes ; c'est avec eux qu'elle doit jeter les bases d'un accord de *coopération* qui donne à chacun sa juste place mais toute sa place. Dans le cadre du réaménagement des rythmes scolaires, pourquoi ne consacrerait-on pas, une fois par mois, par exemple, deux heures à un véritable bilan-lecture effectué avec les parents ? On y soulignerait les étapes essentielles déjà franchies, on y identifierait les difficultés principales qu'ont rencontrées les élèves, on y définirait ensemble les activités complémentaires qui pourraient être mises en œuvre à la maison. Illusoire ? Peut-être bien... Mais peut-on accepter que dans un domaine aussi essentiel et aussi sensible que celui de la lecture se creuse un fossé entre maîtres et parents ? Sans doute certains parents ne participeront-ils pas à de telles rencontres, sans doute certains maîtres s'y sentiront-ils mal à l'aise. Il faut cependant s'attacher à créer dans l'École les conditions d'une plus grande transparence, y fonder les lieux d'une coopération pédagogique dans laquelle chacun assume ses responsabilités spécifiques. Un tel projet suppose la volonté partagée de se reconnaître non comme concurrents mais comme partenaires d'une démarche de médiation. Il suppose aussi que les maîtres bénéficient d'une formation suffisamment approfondie dans le domaine de l'apprentissage de la lecture pour savoir se mettre à distance de leur propre pratique afin de l'analyser — sans crainte mais sans condescendance — devant des parents très concernés mais très inégalement informés.

3. Les conditions de l'irréversibilité du savoir-lire

Désapprendre à lire

« On n'a jamais fini, nous dit-on, d'apprendre à lire. » Belle formule, aussi juste que creuse, propre à éluder la question bien réelle de la dégradation des performances au cours de l'apprentissage de la lecture. Si véritablement on ne finit jamais d'apprendre à lire, alors on peut espérer une amélioration prévisible, alors on peut compter sur des lendemains meilleurs : le lecteur déficient de CE 1 deviendra « naturellement » performant en sixième ; l'illettré de sixième se transformera sans doute en citoyen-lecteur.

La réalité est loin de confirmer un tel optimisme. Si l'on se réfère aux données fournies par Claude Thélot, directeur à la Direction de l'évaluation et de la prospective, sur 100 élèves en grande difficulté en classe de sixième, 94 sont encore en grande ou moyenne difficulté en classe de troisième (63 en grande difficulté et 31 en moyenne difficulté). Dans leur sécheresse, ces chiffres montrent combien le collège est impuissant à donner une chance nouvelle aux lecteurs en difficulté ; bien au contraire, les exigences spécifiques à chaque discipline révèlent et accentuent les rigidités et les insuffisances de lecture. Alors qu'à l'école primaire certains élèves font illusion en fournissant des preuves ponctuelles d'un savoir-lire balbutiant, à l'entrée au collège éclate avec brutalité l'état très approximatif de leur savoir-lire. Année après année, s'amplifie la complainte nostalgique des professeurs de collèges qui déplorent de plus en plus que trop de leurs élèves ne savent pas lire. Leur propos est trop radical : en moyenne, seuls deux ou trois élèves d'une classe de sixième sont dans l'incapacité de lire un texte simple et d'en saisir le sens général ; mais six ou sept se trouvent dans l'incapacité de se servir avec efficacité de leurs compétences de lecture dans les différentes disciplines qui leur sont proposées. Bâties sur des bases fragiles, insuffisamment diversifiées, les capacités de certains élèves à la fin de l'école élémentaire ne leur permettent pas d'affronter des champs disciplinaires qui ont chacun leurs propres exigences de lecture. Sous l'œil courroucé de professeurs qui jugent à tort que la lecture n'est pas leur affaire, ces élèves vont se trouver confrontés à des textes, des documents, des cartes ou des graphiques ; mis en demeure de les comprendre et de les analyser par eux-mêmes, ils vont accumuler les échecs et perdre progressivement les quelques capacités qu'ils ont péniblement acquises. S'amorce ce processus souvent inéluctable que l'on peut appeler « l'illettrisme de retour » dont on sait qu'il annonce la marginalisation et l'échec scolaire.

Certains professeurs de collège reprochent, parfois avec véhémence, à leurs collègues de l'enseignement primaire de ne pas leur « livrer » des lecteurs suffisamment polyvalents, capables de lire avec une égale efficacité un énoncé de mathématique, un document historique, un texte littéraire ou... le règlement intérieur du collège. Ils ne peuvent pas raisonnablement se « défausser » de la sorte en faisant peser sur le seul enseignement primaire l'entière responsabilité de former des lecteurs efficaces et autonomes. Les enseignants de collège notamment ceux des classes de sixième et de cinquième — ont leur rôle à jouer. Oubliant pour un temps les clivages disciplinaires, à eux de prendre le relais, de guider les élèves qui en ont besoin dans un apprentissage continué de la lecture que chaque discipline doit interpeller et fortifier. Le cycle 3 de l'école primaire ayant fait de la maîtrise polyfonctionnelle de la lecture un de ses objectifs essentiels, aux premières années du collège de poursuivre cet effort, renforcé à travers toutes les disciplines. C'est à ce prix que l'on obtiendra pour le maximum d'élèves les conditions de l'irréversibilité du savoir-lire.

Savoir tout lire

Lire un conte merveilleux, un énoncé de mathématiques ou la description de la germination des graines, suppose que le lecteur adopte, dans chacun des cas, un comportement de lecture particulier. Imaginons qu'on lise un énoncé de mathématiques de la façon dont on lirait un conte merveilleux : on aurait peu de chance d'en découvrir la solution. Inversement, à lire un conte merveilleux comme l'énoncé d'un problème, on ne prendrait guère de plaisir. Chaque type de texte, chaque projet de lecture suppose une stratégie de lecture particulière. Il est assez juste de dire, en accord avec l'excellent praticien-chercheur qu'est Stella Baruk [13], que beaucoup d'élèves dits « mauvais en math » sont en général des élèves à qui l'on n'a pas appris à lire le langage mathématique. Cela vaut vraisemblablement pour les mauvais en géographie, en sciences ou même encore... en français.

Au-delà de l'identification automatisée des mots, au-delà de la capacité à reconnaître la construction grammaticale des phrases et des textes, l'école doit apprendre à tous les élèves dont elle a la charge à adapter leur façon de lire à la situation qu'ils ont à affronter. Trop d'enseignants restent encore persuadés qu'une fois acquis les mécanismes de la lecture, l'élève deviendra, par seule fréquentation de textes différents, un lecteur polyvalent. C'est ainsi que l'on voit fleurir dans la plupart des livres de lecture du cycle 3 (CE2, CM1, CM2) les textes les plus variés : modes d'emploi, publicité, poésies, théâtre, prospectus, extraits d'albums jeunesse... sans véritablement que l'on apprenne aux

---

13. « Cohérence du non-sens, cohérence du sens », dans *L'École : diversités et cohérence*, direction A. Bentolila, Éditions Nathan, 1996, p. 33-51.

élèves comment identifier les différentes catégories de textes et comment « ajuster » leur lecture aux exigences de chacune d'elles. La flexibilité, l'adaptabilité de la lecture ne sont pas automatiquement fournies avec les clés du code ; ces facultés s'acquièrent progressivement par l'expérimentation et la médiation. C'est en se rendant compte qu'il s'est trompé de stratégie de lecture qu'un élève prend conscience que ces stratégies existent ; c'est dans la mesure où le maître souligne et rectifie les « erreurs d'aiguillage » que l'élève va comprendre que l'on ne lit pas tout de la même façon.

Former des lecteurs polyvalents

Dans deux écoles appartenant à une ZEP de la région parisienne, nous avons suivi, tout au long de l'année 93, une série de « leçons de choses » de lecture destinées à développer la polyvalence de lecture. Nous relatons ici trois séquences pédagogiques significatives observées dans une classe de CM1 au cours d'une même semaine du mois d'avril.

Première séquence, lundi matin. Le maître a choisi de faire lire à 10 de ses élèves un *récit merveilleux* de Selma Lagerlöf de 800 mots environ. Il distribue le texte aux élèves en leur précisant bien qu'il leur accorde un temps limité au bout duquel chacun pourra dire ce qu'il a compris. Le maître joue le rôle de secrétaire de séance ; il note succinctement les interprétations des uns et des autres en prenant soin de mettre en regard les versions divergentes correspondant à une même partie du texte. Il apparaît que les dix élèves n'ont pas tous compris la même chose.

Vient ensuite le moment où le texte, lu à haute voix, remplit la fonction d'arbitre. Certaines propositions sont déclarées inacceptables car elles relèvent de l'erreur de compréhension ; par contre, le groupe va prendre conscience que le récit merveilleux autorise plusieurs interprétations, mais toutes aussi respectueuses de la volonté de l'auteur. Le maître démontre qu'un texte de ce type invite chaque lecteur à mettre en scène son propre film ; chaque réalisation est le résultat d'un compromis soigneusement négocié dans lequel le respect du texte équilibre et oriente l'élan d'imagination du lecteur.

Deuxième séquence, mardi matin. Le maître rappelle rapidement les conclusions tirées de l'expérience précédente : un conte, un récit font une place importante à l'imagination tout en la contrôlant. Il propose cette fois à ses élèves de lire l'*énoncé d'un problème de mathématiques* non pour le résoudre mais pour voir ce que chacun en a compris.

Un temps limité est consacré à la lecture individuelle puis chaque élève tente de reformuler les composantes de l'énoncé. Le maître, comme lors de la séquence précédente, note au tableau les propositions divergentes puis l'énoncé du problème est lu à haute voix. Cette fois, les élèves vont se rendre compte que ce type de texte est un arbitre infiniment *plus intransigeant* que ne l'était le récit merveilleux. L'énoncé de mathématiques n'autorise que très peu d'interprétations différentes mais exige la stricte identification des informations, le souci de l'ordre dans lequel elles sont présentées et des relations qui les articulent. Le respect dû aux injonctions du texte l'emporte de très loin sur l'interprétation personnelle des lecteurs ; la marge de négociation est nettement plus étroite.

Troisième séquence, jeudi matin. Le maître évoque les deux expérimentations auxquelles les dix élèves ont précédemment participé. Il rappelle que le récit merveilleux d'une part et l'énoncé de mathématiques d'autre part ont exigé chacun un comportement de lecture très spécifique. Il distribue à ses élèves un texte qui décrit en détail la vie des requins ; il leur précise que l'on va s'intéresser uniquement *à la façon dont les requins se nourrissent.* Comme dans les deux séquences précédentes, après lecture individuelle, les élèves font leurs propositions ; puis le texte est lu. Mais cette fois, l'arbitrage entre les différentes propositions prend en compte un élément nouveau : le *projet* assigné à la lecture ; seules sont à prendre en compte les informations traitant de la nutrition des requins. Les élèves se rendent compte que souvent un texte informatif de ce type se lit en fonction d'une question particulière que l'on se pose. Le lecteur soumettant le texte à son propre projet d'information, sa lecture sélectionne certains éléments, en exclut d'autres en toute connaissance de cause.

Au long d'une année scolaire, les enseignants de ces deux écoles ont poursuivi ces « leçons de choses » de lecture variant avec modération et pertinence les types de textes et les situations de lecture. Ils ont démontré à tous les élèves de leur classe que l'on devait adapter sa façon de lire au type de texte que l'on a sous les yeux et au projet que l'on s'était fixé. Ces maîtres ne se sont pas contentés de dire ou de montrer comment il fallait faire ; ils ont fait *vivre* à leurs élèves des situations de lecture construites et organisées afin qu'en émerge la conscience partagée que l'on ne lit pas tout de la même façon. C'est une vraie démarche expérimentale qu'ils ont conduite pour apprendre à leurs jeunes lecteurs comment définir pour chaque catégorie de textes ou de documents un équilibre, chaque fois renégocié, entre le respect dû aux informations décodées et la liberté d'en faire une interprétation personnelle.

Lire vite n'est ni un but ni une garantie

Une idée reçue voudrait que *vitesse* et *compréhension* soient les deux composantes indissociablement liées d'une lecture efficace. Plus on lirait vite, mieux on comprendrait ; la lenteur de lecture s'opposerait à la construction du sens. Ce ne serait pas moins farfelu de proclamer que courir vite est la plus sûre garantie d'arriver au but en empruntant le bon chemin. Ces vingt dernières années ont vu s'imposer l'existence d'une forte corrélation entre vitesse de lecture et compréhension au point que la plupart des actions d'évaluation ont privilégié un indicateur appelé « efficacité » de lecture qui associait à parts égales les scores de vitesse et de compréhension. Sur cette affirmation sans fondement furent élaborées des quantités d'exercices d'entraînement censés améliorer la rapidité et l'amplitude des mouvements scolaires, dont le moins que l'on puisse dire est qu'ils n'ont pas eu de réelle influence sur les capacités de lecture des élèves.

Nous avons comparé chez 12 500 élèves du cycle 3 [14] les performances de vitesse et celles de compréhension. Les résultats sont irréfutables : il n'existe *aucune sorte de lien* entre les scores obtenus en vitesse et ceux obtenus en compréhension ; en d'autres termes, parmi les élèves qui ont bien compris un texte, on trouve des lecteurs lents et des lecteurs rapides ; de même, parmi les lecteurs lents, on rencontre des élèves qui ont bien compris et d'autres qui ont une compréhension médiocre. Ce constat s'est vérifié avec une constance remarquable auprès des 4 312 élèves de CE2, des 4118 élèves de CM1, et des 4 259 élèves de CM2, preuve qu'il convient d'abandonner l'idée d'une solidarité entre les performances de vitesse et de compréhension. Priorité doit être accordée au seul critère de compréhension dans l'évaluation du savoir lire des élèves.

Cette démonstration ne signifie évidemment pas que l'on doive se désintéresser totalement du temps que met un élève pour lire un texte. Il faut lui apprendre à accorder à chaque texte le temps qui permet d'en tirer le meilleur parti. Lire bien n'est pas lire le plus vite possible, c'est savoir adapter son allure de lecture aux exigences d'un texte particulier. Un lecteur accompli lit un roman facile à une vitesse moyenne de 365 mots à la minute ; sa vitesse passe à 321 pour un article de journal et tombe

14. Observatoire de la lecture de Marseille sous la direction scientifique d'Alain Bentolila et Jean Mesnager.

à 235 mots à la minute lorsqu'il est confronté à un article scientifique. La variation tient à trois éléments : la durée de la fixation (de 200 à 260 millisecondes), la longueur de chaque saccade (de 6 lettres à plus de 9 lettres) et le nombre de retours en arrière (de 3 % à 18 %) [15]. Il serait absurde de penser que l'on peut améliorer les capacités de lecture d'un élève en tentant par des exercices systématiques d'élargir son champ de vision ou de réduire la durée ou le nombre des fixations qu'il effectue : c'est au contraire l'amélioration des capacités d'identification des mots, de construction grammaticale et de structuration d'un texte qui permettent à un élève de mieux maîtriser son allure de lecture, l'accélérant lorsqu'il le peut, la diminuant lorsqu'il le faut, flânant ou galopant, au gré de ses contraintes, de ses intentions ou de son humeur.

Au-delà de la lecture, la polyvalence des démarches intellectuelles

Chaque discipline scolaire propose des contenus spécifiques qu'elle articule selon une progression qui lui est propre. En histoire, en mathématiques, en sciences, l'élève doit acquérir des connaissances particulières, percevoir l'organisation interne de chacune des matières étudiées. Est-ce à dire que les démarches d'apprentissage mises en œuvre dans chaque discipline n'ont rien à voir les unes avec les autres ? Qu'entre l'histoire, les mathématiques, le français, la géographie et les sciences se dressent des murailles qui les rendent aveugles les unes aux autres ? L'enseignant est-il condamné à découper en séquences disciplinaires étanches sa démarche pédagogique au risque d'en affecter la cohérence ? Ce serait d'autant plus néfaste que rien n'est en effet plus facile à effacer, rien n'est plus propre à être oublié que des connaissances isolées, succes-

15. Pour plus d'informations, consulter l'excellent ouvrage de José Morais, *L'Art de lire*, Odile Jacob, Paris, 1995, p. 126 et suivantes

sivement accumulées au long d'une année scolaire. Acquérir les uns après les autres des savoirs qu'aucun lien ne rassemble, qu'aucune démarche méthodologique n'organise, condamne irrémédiablement l'élève à l'éphémère, au ponctuel, au rabâché.

Durant le cycle 3 et au collège, on ne peut se contenter de faire emmagasiner, morceau après morceau, les contenus de chacune des disciplines dans l'espoir de constituer, dans la tête des élèves, des banques de données disciplinaires hermétiques les unes aux autres. On doit mettre les élèves en situation de maîtriser un certain nombre de savoir-faire transversaux qui leur permettront, dans quelque discipline que ce soit, de comprendre et d'intervenir de façon pertinente. Par exemple, la capacité de *comparer* des informations venues de sources différentes et traitant d'un même thème est de la plus grande utilité dans toutes les disciplines ; de même, celle de *relier* un texte et un graphique constitue un savoir-faire efficace dans bien des matières ; enfin, celle de *saisir l'organisation* chronologique d'un texte ou d'un document dépasse de loin les frontières d'une discipline particulière. Un élève entrant en sixième doit être entraîné à *mémoriser* des informations, à les rassembler, à les organiser quelle que soit leur nature, tout comme il doit pouvoir lire sans difficultés des *consignes*, que ce soit en grammaire, en mathématiques ou en sciences.

Ces savoir-faire intellectuels ne s'apprennent pas, ils se découvrent ; et c'est en effectuant une même démarche dans des activités disciplinaires différentes que l'élève en identifiera la nature et en maîtrisera la logique. Ainsi un élève qui se donne pour tâche de transformer un texte en tableau ou en graphique, d'abord en sciences, puis en mathématiques, puis en géographie peu à peu se rendra compte des analogies qui existent entre les parcours qu'il aura successivement empruntés. Là le rôle de l'enseignant est essentiel. Tout à la fois animateur, révélateur et garant, il doit faire découvrir à ses élèves qu'au-delà de la diversité des thèmes et des contenus, ils peuvent s'approprier des démarches intellectuelles polyvalentes.

Est-il besoin de préciser que la maîtrise des démarches intellectuelles transversales (comparer, mémoriser, sélectionner, classer...) ne signifie pas l'abandon des apprentissages disciplinaires ? Ce n'est pas parce qu'un élève de CM1 doit pouvoir sélectionner des informations pertinentes, en mathématiques, en sciences ou en histoire, que l'on doit pour autant renoncer à un programme d'enseignement propre à chacune de ces disciplines ; ce n'est pas non plus parce que les connaissances grammaticales sont nécessaires à la compréhension des textes de toute nature que l'on peut sacrifier la progressivité et la cohérence de l'enseignement de la grammaire. Complémentairement à l'acquisition des savoirs disciplinaires on doit, durant le cycle 3 et le collège, entraîner les élèves à maîtriser les démarches de travail intellectuel communes à toutes les disciplines. Une telle démarche renforcerait considérablement leurs capacités de lecture ; elle donnerait dynamisme et sens à leurs activités de lecture de textes en y associant la compréhension d'images, de graphiques, de tableaux ou de cartes. Au-delà du contexte scolaire, elle constituerait vraisemblablement le meilleur moyen de préparer les élèves à affronter les situations de vie qui exigeront souplesse et autonomie de lecture.

Dans sa note du 28 mars 1996, rédigée à propos des résultats controversés de l'*Étude internationale sur les savoir-faire en situation de vie quotidienne*, Claude Thélot, directeur de la DEP [16], après avoir démontré avec pertinence la quasi-impossibilité de comparer les résultats entre les différents pays souligne, en parlant de l'échantillon français : « ... cette difficulté — incapacité ou mépris — à lire précisément les consignes ou les énoncés ou les

16. Direction de l'Évaluation et de la Prospective au ministère de l'Éducation nationale.

règles du jeu et en conséquence cette difficulté à résoudre des questions ou des problèmes simples affaiblit en effet l'efficacité des actions des adultes dans leur vie quotidienne et professionnelle et pose question au système éducatif qui, sans doute, ne cherche pas à aider à surmonter cette difficulté avec assez d'attention. » Ces propos tenus par un expert en évaluation des systèmes éducatifs sont lourds de sens et confirment que nos élèves ne sont pas suffisamment préparés à affronter la diversité et la complexité des situations de lecture : si le passage au collège pose à un certain nombre d'entre eux le délicat problème d'avoir à s'adapter à la spécificité des textes et documents de chaque discipline, l'entrée dans la vie sociale et professionnelle leur promet des difficultés qu'on ne les a pas préparés à résoudre. Face à des documents complexes où interviennent dans un même temps textes, tableaux, schémas, index..., ils iront d'échec en échec et renonceront progressivement à l'idée même de se servir, dans leur vie quotidienne, des fragiles capacités de lecture péniblement acquises dans un contexte scolaire qui n'a pas su leur donner suffisamment de dynamisme ni de polyvalence.

Évaluer pour prévenir et remédier

Dans le rapport sur l'apprentissage de la lecture rédigé en janvier 1995 par l'Inspection générale de l'Éducation nationale, on relève la conclusion suivante : « La plupart des classes (de cycle 3) ne disposent pas, malgré les instructions données aux recteurs et aux inspecteurs d'académie, des résultats de l'évaluation organisée en classe de 6e [...]. Au mieux, on connaît parfois les résultats scolaires des élèves en classe de 6e par l'accès aux bulletins scolaires. En fait, l'intérêt de cette évaluation nationale — permettre une analyse des difficultés en vue d'une remédiation — ne semble pas bien perçu par les maîtres. Ils ne devraient pas oublier que cette évaluation doit les conduire à améliorer leurs propres pratiques. »

La question qui est ici posée est celle de l'influence réelle des évaluations nationales de CE2 et de 6e sur l'amélioration des pratiques pédagogiques quotidiennement mises en œuvre dans les classes. Les résultats sont-ils analysés et interprétés afin de permettre d'enseigner la lecture avec plus de lucidité et d'efficacité ? Le maître se sert-il de ces évaluations pour déceler les difficultés particulières de certains élèves ? S'appuie-t-il sur ces résultats pour définir les remèdes pédagogiques adaptés aux besoins de chacun ? Hélas, mes contacts réguliers avec un nombre important de circonscriptions m'ont le plus souvent révélé que les maîtres font certes passer consciencieusement les tests, les corrigent en général avec beaucoup de soin mais en livrent les résultats à leur hiérarchie sans en faire eux-mêmes une analyse susceptible d'éclairer et de diversifier dans leurs propres classes, face à leurs propres élèves, leurs pratiques d'enseignement.

Alors, à quoi servent donc ces grands-messes recommencées chaque année, qui mobilisent à la rentrée tous les maîtres de CE2 et de 6e (et bientôt de cours préparatoire) ? Elles sont sans aucun doute utiles pour prendre le pouls du système et suivre, année après année, l'évolution des résultats qu'il obtient. Mais si elles permettent de faire régulièrement le point sur l'efficacité de notre système éducatif, il ne faut se faire aucune illusion sur le parti qu'en tirent réellement les maîtres dans leurs classes.

Complémentairement aux évaluations nationales, il serait souhaitable que dans *chaque établissement scolaire* soit installé un dispositif d'évaluation permettant aux enseignants de mesurer les performances de leurs élèves et d'en suivre l'évolution pendant les deux cycles de l'enseignement primaire. Je préconise donc la création, dans chaque école, d'un *observatoire local de la lecture* (OLL) géré et animé par l'équipe enseignante qui trouverait là un facteur important de dynamisme et de cohésion. Au sein d'une même circonscription, l'ensemble des observatoires d'école pourraient constituer un réseau d'échanges et de réflexion dont la coordination et l'animation seraient assurées par l'équipe d'inspection.

Depuis 1993, dans l'académie de Marseille, une quinzaine de circonscriptions ont mis en place un dispositif informatisé de ce type : plus de 120 écoles sont dotées chacune de leur propre observatoire ; les performances en lecture de près de 15 000 élèves de cycle 3 sont ainsi régulièrement évaluées à partir de critères identiques. Dans sa classe, chaque maître dispose d'un véritable « tableau de bord » du savoir-lire de ses élèves. Remises à jour chaque trimestre, les indications qu'il propose permettent à l'enseignant d'adapter, au long de l'année, son action pédagogique aux difficultés spécifiques de chacun de ses élèves et de prendre en compte leur évolution. Dans chaque école, les enseignants du cycle 3 ont une vision générale des performances des élèves de CE2, CM1 et CM2 ; ils peuvent ainsi, en équipe, organiser des activités de suivi et de soutien qui dépassent les frontières traditionnelles entre les trois niveaux de classe. Enfin, dans le cadre plus large de la circonscription, les rencontres pédagogiques, les stages de formation se nourrissent des questions que se sont posées dans chaque école les équipes de cycle 3 : une analyse plus fine de certains résultats y est réalisée, des informations théoriques viennent éclairer de façon pertinente certains constats concrètement effectués et une mise en commun des solutions pédagogiques expérimentées dans chaque école peut s'organiser.

À quoi tient l'effficacité d'un dispositif de ce type ? Il met en synergie quatre niveaux essentiels de responsabilités et d'action :

— la *classe* où le maître doit faire preuve d'une lucidité de plus en plus grande pour gérer l'inquiétante hétérogénéité de son groupe ;

— *l'École* où la notion d'équipe pédagogique doit absolument devenir une réalité quotidienne ;

— la *circonscription* où les actions essentielles de contrôle et de formation doivent pouvoir s'articuler sur un projet collectif accepté et partagé par tous ;

— les *parents*, enfin, à qui l'on doit transparence et précision dans l'analyse des performances de leurs enfants.

La capacité de l'École d'apprendre à lire à tous de façon durable dépend de la volonté que manifesteront ses différents acteurs pédagogiques de mener ensemble une action cohérente d'évaluation et de suivi ainsi que de leur désir commun d'y associer réellement les parents d'élèves.

Avouons-le ! A quelques tròp rares exceptions près, le spectacle que nous donne aujourd'hui l'École est bien loin de révéler l'harmonie, la complémentarité, encore moins une réelle coopération.

Dans sa classe, le maître est, en matière d'évaluation, le plus souvent livré à lui-même... et parfois content de l'être. Il a une vision assez approximative des performances de lecture de ses élèves puisque le repérage et l'identification des difficultés respectives de chaque enfant ne sont ni systématiques ni objectifs. En conséquence, ses choix pédagogiques ne peuvent prendre en compte une hétérogénéité dont il ressent certes la force inquiétante, mais dont il ne discerne pas les constituants. D'un groupe peu différencié émergent d'une part quelques très bons lecteurs, d'autre part quelques très mauvais lecteurs dont l'enseignant ne sait, dans l'un et l'autre cas, pas très bien quoi faire. Faute d'un dispositif simple et efficace d'analyse de l'hétérogénéité de sa classe, le maître, en dépit des discours l'exhortant à la diversification, est contraint de gouverner pédagogiquement au centre, de la façon la plus globalisante.

Dans l'établissement scolaire, alors que la mise en place des cycles de trois ans avait laissé espérer une gestion pédagogique plus fluide et plus collective, le cloisonnement est toujours largement la règle. Les conseils de cycle où se joue parfois le destin scolaire de certains enfants sont un lieu où se juxtaposent les opinions subjectives sans que les difficultés de lecture de certains élèves y soient véritablement analysées, suivies et comparées. Les activités de soutien dépassent très rarement les limites de la classe, faute de regrouper par un travail d'équipe des élèves qui, dans des classes différentes, relèveraient des mêmes actions de remédiation. Que dire des « projets d'école[17] » plus souvent ressentis comme une charge supplémentaire que comme une occasion de réflexion et de prise de distance collective ? Comment, dans ces conditions, s'étonner que l'établissement scolaire soit l'objet d'accusations trop facilement lancées par le collège et qu'augmente à son égard la défiance des parents d'élèves ?

Imaginons un instant, dans une école, une équipe pédagogique parvenant à suivre, à l'aide de critères identiques, l'évolution du profil de lecture de chaque élève ; imaginons chaque élève doté d'une sorte de carnet-lecture qui indiquerait les performances, les lacunes et les soutiens suivis tout au long du cycle ; n'y aurait-il pas là un gain de transparence, de cohérence et d'efficacité largement supérieur à celui attendu d'une réforme des programmes et des rythmes scolaires décrétée d'en haut ?

Si *l'équipe de circonscription*, enfin, n'a pas les moyens d'exercer véritablement ses missions de contrôle, de coordination et de formation, c'est qu'elle doit souvent se cantonner dans un rôle de gestion administrative et de règlements des conflits. En matière de novation pédagogique, elle doit se contenter de suivre et d'encourager quelques initiatives ponctuelles qui font l'ornement d'une circonscription dont la majeure partie reste silencieuse et routi-

17. Chaque établissement scolaire est invité à présenter un projet portant sur un domaine particulier et autour duquel s'articulent les activités de formation et d'expérimentation.

nière. Il faut savoir qu'elle a en charge trois cents maîtres en moyenne dont elle doit contrôler l'efficacité pédagogique et consolider la formation dans le domaine de l'enseignement de la lecture et celui de la maîtrise du langage. Les Instituts Universitaires de Formation des Maîtres (IUFM) ont trop souvent tendance à négliger cette tâche. Délicate mission qui serait certainement mieux maîtrisée si l'équipe d'inspection avait une vision plus précise des performances analysées par chacune des classes et des écoles de la circonscription.

Il ne s'agit pas de juger la qualité du maître à partir des résultats de ses élèves ! Il s'agit de définir avec plus de pertinence les besoins de formation et les nécessités d'intervention dans le seul espace où peut s'exercer une action efficace de coordination et de mise en cohérence des différentes démarches pédagogiques. La création, dans chacune des écoles d'une circonscription, d'un observatoire de la lecture constituerait une juste réponse à la menace de dispersion et d'opacité qui pèse sur des acteurs éducatifs peu enclins à affronter collectivement et lucidement la réalité douloureuse d'un savoir-lire trop inégalement distribué.

Il n'est pas question de se complaire dans une nostalgie stérile. L'École de la République ne fait pas plus mal son travail qu'autrefois, elle le fait sans doute beaucoup mieux. La vérité, c'est qu'elle a bien du mal à proposer des réponses pédagogiques à des questions posées ailleurs. À travers l'apprentissage de la lecture dont elle assume la responsabilité essentielle, il lui revient de gérer les conséquences de démissions et de dévoiements dans lesquels elle n'est pour rien. L'École accueille aujourd'hui des enfants d'un nouveau type dont les premières relations à la langue et au monde ont été fort peu soutenues et fort mal explicitées. À ces enfants qui risquent de s'engager dans le long couloir de l'illettrisme qui traverse l'École et d'y errer durant bien des années, on doit de nouvelles propositions, de nouvelles priorités pédagogiques et culturelles.

VI

Résister !

1. Résister dans l'École

À ce stade de la réflexion se pose une question simple et décisive : l'École peut-elle borner son ambition à doter les élèves d'un savoir-lire de base, dont on espère qu'il se renforcera et se diversifiera « naturellement » par la rencontre aléatoire de textes extra-scolaires ? Ou bien doit-elle assumer pleinement la responsabilité de former des lecteurs autonomes et polyvalents ?

De la réponse à cette question dépend son efficacité dans la lutte contre l'illettrisme. Apprendre à lire, c'est, comme nous l'avons vu, acquérir d'abord une *dextérité de décodage* qui permet d'identifier, presque sans y penser, les indices linguistiques que le texte propose à son lecteur. En remplissant cette tâche fondamentale, l'École fournit aux élèves la clé qui leur permet d'entrer dans l'univers complexe des textes et documents ; il leur restera à apprendre à s'y repérer avec *clairvoyance* et à s'y comporter avec *probité*. Y parviennent sans doute ceux qui, hors l'école, ont la chance de bénéficier de l'aide de médiateurs attentifs capables de leur faire découvrir la diversité des comportements de lecture. Mais qu'advient-il des autres ? Qui leur apprend le plaisir de rêver sans pour autant trahir le texte ? Qui leur enseigne à lire leurs propres manuels d'histoire ou de science ? Qui leur montre la façon de sélectionner des informations, de consulter un index ou un dictionnaire ? Personne ! Et combien d'entre eux le découvrent d'eux-mêmes ? ils en sont d'autant moins capables que leur fait défaut le soutien d'une langue orale le plus souvent réduite et approximative.

La création massive et coûteuse de Bibliothèques Centres Documentaires (BCD) dans les écoles s'est voulue une réponse scolaire à l'extrême pauvreté culturelle dans laquelle vivent un nombre important des élèves. Les résultats ne semblent malheureusement pas à la hauteur de l'effort consenti. L'enquête que nous avons menée durant l'année scolaire 94/95 auprès de 12 500 élèves de cycle 3 dans l'Académie des Bouches-du-Rhône montre que l'utilisation d'une BCD n'améliore pas de façon véritablement significative les performances des élèves en lecture. Quelle que soit la catégorie socio-professionnelle des parents, quel que soit le niveau scolaire, l'impact reste faible [1].

Des questions se posent sur la capacité réelle des BCD à développer des compétences polyvalentes de lecture.

Notre propos n'est pas de mettre en cause le principe même de l'existence de BCD dans les écoles ; ces bibliothèques constituent un lieu et une offre de lecture souvent indispensable. C'est la façon dont elles sont utilisées et leur degré réel d'intégration aux activités de la classe qui sont à interroger. On a montré qu'il ne suffit pas de plonger un élève dans un univers de lecture si riche et attrayant soit-il pour qu'il en découvre de lui-même les règles et l'organisation.

De deux choses l'une : ou bien la BCD constitue un espace pédagogique fortement animé par le maître-médiateur, dans lequel ses élèves les moins favorisés

1. Les facteurs socio-économiques ont une influence trois fois supérieure à celle exercée par l'ensemble des facteurs pédagogiques (BCD, expérience du maître, stage de formation...).

trouvent les conditions d'une véritable expérimentation d'actes de lecture ; ou bien cette même BCD risque de devenir un lieu ambigu dont s'affaiblira peu à peu la fonction éducative et où seront de plus en plus déléguées et diluées les responsabilités pédagogiques : sorte d'annexe culturelle d'une école qui chercherait par là à apaiser sa mauvaise conscience sociale.

L'École ne saurait faire simplement semblant de se préoccuper du destin de certains des élèves qu'elle prétend vouloir garder le plus longtemps possible en son sein. Elle doit refuser l'idée d'abandonner, dès l'entrée au CE2, 20 % des enfants qui lui sont confiés au processus inéluctable d'un illettrisme de retour. Une École qui ambitionne d'être pour *tous* les enfants l'interprète du monde, une école qui prétend donner un sens à la diversité, une école enfin qui s'efforce de montrer que sous l'apparence du désordre *il y a à découvrir*, à distance, classification et cohérence, cette école ne saurait accepter qu'une partie de ses élèves soit vouée à l'insécurité et au handicap linguistique et par là même se trouve exclue d'une véritable relation de médiation pédagogique. Comment mettre en œuvre une démarche pédagogique dont l'objet serait la découverte et la compréhension du monde physique et social si l'instrument qui donne au monde son sens et, si j'ose dire, lui confère dimension humaine, se trouve pour beaucoup, considérablement affaibli dans sa puissance de signification ? Lorsqu'un élève est contraint de limiter le cercle des gens à qui il peut s'adresser et le cercle des choses sur lesquelles il peut s'exprimer, lorsqu'un élève se trouve, en d'autres termes, condamné à une communication de connivence et de proximité, c'est le regard qu'il porte sur le monde qui s'en trouve émoussé, c'est le pouvoir qu'il peut exercer sur le monde qui s'en trouve pour longtemps terriblement affaibli.

N'oublions pas que la maîtrise du langage oral et écrit fut — et reste aujourd'hui sous des formes moins évidentes, plus insidieuses — un *instrument majeur de l'exclusion scolaire.* Ce serait ainsi pure démagogie d'afficher la volonté de conduire le plus d'élèves possible, le plus loin possible, avec le plus d'ambition possible, et dans le même temps d'accepter que le handicap linguistique dont beaucoup souffrent ne soit pas pris en compte au cœur même de la programmation pédagogique. Une telle désinvolture, une telle démission auraient deux conséquences tout aussi désastreuses l'une que l'autre :

— La première serait de *réduire le projet éducatif global* en proportion des capacités linguistiques réduites d'un nombre de plus en plus important d'élèves ; ainsi, seules deviendraient envisageables la *mémorisation successive de savoirs*, ou l'*imitation servile de gestes et d'activités* ;

— La seconde consisterait à accepter que dans les murs mêmes de notre École se forment progressivement *des groupes d'exclus artificiellement maintenus en vie scolaire.* Continuerons-nous d'entendre, à l'entrée au CP, se poser la question : « Est-ce bien le lieu où il faut leur apprendre à parler ? » Accepterons-nous qu'à l'entrée en classe de 6e soit encore formulée la question : « Est-ce bien le lieu où il faut leur apprendre à lire ? » Supporterons-nous qu'à l'entrée en classe de seconde certains élèves se voient demander si finalement ils y ont bien leur place ?

De la maternelle jusqu'à la terminale, on doit saisir toutes les occasions disciplinaires pour que chacun des élèves découvre, expérimente et maîtrise les démarches pertinentes de mise en mots et de mise en sens ; car si notre École se veut plus juste et plus ambitieuse, elle doit mettre toute sa volonté et toute son imagination en œuvre pour que s'instaure un partage plus équitable du pouvoir linguistique.

2. Résister hors l'École

« Quel est le bilan de ces dix dernières années ? » De façon globale, la politique de lutte contre l'illettrisme n'a pas brillé par la lucidité, la rigueur ou l'efficacité. Cela ne signifie pas que rien n'a été fait. Il y eut même d'admirables initiatives individuelles et collectives ; des associations nationales ou locales ont mené des actions intelligentes et courageuses ; les ministères de la Défense et de la Justice ont lancé des opérations exemplaires. Mais ceux-là mêmes qui ont eu la charge de définir et de mettre en œuvre une stratégie cohérente de lutte contre l'illettrisme ont accumulé erreurs et approximations dans l'indifférence d'un monde politique plus préoccupé de se servir de l'illettrisme que de veiller à son éradication. A-t-on créé un dispositif permanent de *mesure et d'analyse* de l'illettrisme en France ? Non ! On a accepté du bout des lèvres que se développent quelques initiatives de recherche. A-t-on mis en place des structures sérieuses de *formation de formateurs* ? Non ! On a démagogiquement glorifié un bénévolat parfois peu efficace. A-t-on suscité la conception d'*outils spécifiques de remédiation* ? Non ! On a préféré accepter la dispersion et l'incohérence. A-t-on favorisé la publication de *livres adaptés* aux capacités et aux attentes des néo-alphabétisés ? Non ! On les a abandonnés à des lectures soit puériles, soit hors d'atteinte. A-t-on enfin tenté de *questionner le système éducatif* à la lumière des analyses de l'illettrisme ? Surtout pas ! On aurait risqué d'ouvrir, avec le ministère de l'Éducation, un dialogue délicat. On s'est ainsi frileusement contenté de soutenir largement des initiatives inégales dont les résultats furent rarement évalués ; on s'est borné à mener confortablement des campagnes de communication aussi coûteuses qu'inefficaces afin d'exhorter nos concitoyens à faire preuve de solidarité et d'entraide. Or, les bons sentiments, la démagogie et le clientélisme ne constituent pas une réponse acceptable aux problèmes que pose l'illettrisme à notre société. Il est urgent que soient fixés d'autres objectifs, que soient définies d'autres orientations, que soient enfin proposées des ambitions à la mesure des détresses sociales, culturelles et économiques qu'engendre l'illettrisme.

La création d'un Observatoire national de l'illettrisme paraît s'imposer de façon d'autant plus impérative que le débat sur l'éducation a tendance à prendre en France des allures de combat de rue dans lequel les statistiques tiennent lieu de pavés. Quelle meilleure réponse qu'un lieu indépendant et légitime où se mesure et s'analyse dans la continuité et la rigueur le phénomène de l'illettrisme ? Là, on jugerait objectivement des progrès ou des aggravations ; là, on analyserait les corrélations avec les autres situations d'exclusion ; là, on préciserait la distribution géographique des populations illettrées ; là enfin, on harmoniserait les critères d'évaluation de l'illettrisme avec ceux dont use l'Éducation nationale. En bref, on y verrait plus clair et on couperait court aux discours catastrophistes ou béatement optimistes.

Si utile que soit un organisme central, son impact réel sur les différents terrains où sévit l'illettrisme resterait relativement faible. Comme nous l'avons montré, l'illettrisme accompagne et aggrave les détresses économiques, culturelles et sociales. Si on ne repère ni ne traite les difficultés de lecture et d'écriture des populations en danger d'exclusion, on rend inopérantes les actions de formation et d'insertion. Un certain nombre d'endroits accueillent des populations qui, pour diverses raisons, sont en situation de difficulté : agences pour l'emploi, centres RMI, foyers d'hébergement, bureaux d'aide sociale, maisons d'arrêt... Là pourraient être installés des dispositifs proposant (et non imposant) un bilan des performances de lecture et une orientation vers des procédures adaptées de remédiation. Le ministère de la Justice, depuis 1993, a mis en place dans chaque maison d'arrêt un dispositif de ce type : chaque nouveau détenu passe un ensemble de six épreuves qui définissent son profil de lecture ; sur cette base est déterminé un parcours approprié d'apprentissage ou de perfectionnement. Le ministère de la Défense s'est orienté, depuis 1990, vers une perspective analogue. Ne peut-on imaginer que les populations « à risque d'illettrisme » se voient systématiquement proposer un bilan lecture assorti de propositions appropriées de remise à niveau ?

On connaît les objections de ceux qui associent repérage et « flicage », analyse et dénonciation, remédiation et humiliation : « Ne sont-ils pas assez malheureux ? Faut-il en plus les humilier avec la révélation de leur illettrisme ? », « Ne croyez-vous pas qu'ils ont d'autres préoccupations plus urgentes que d'apprendre à lire et à écrire ? » À ces fausses indignations, on opposera que le coût économique et social de l'illettrisme et les dangers considérables qu'il fait courir à la cohésion sociale exigent qu'on le combatte hors du terrain ambigu de l'action caritative. Savoir lire et écrire n'a que peu à voir avec la charité chrétienne (ou pas chrétienne d'ailleurs !). C'est un droit pour chaque citoyen ; je dirais même que dans notre société, il s'agit d'un devoir civique. Dans ces conditions, il faut refuser obstinément que plus du tiers des allocataires du RMI soient illettrés et le restent, que des femmes de plus de cinquante ans tentent en vain d'apprendre à lire avec des manuels de cours préparatoire, que les chargés d'alphabétisation — tâche ô combien complexe — n'aient bien souvent reçu aucune formation sérieuse et qu'enfin les faibles lecteurs, désireux de lire, trouvent si peu d'écrits qui conviennent à la fois à leur niveau et à leurs attentes d'adultes.

3. Refuser que le verbe meure

Fils du renoncement et de l'indifférence, l'illettrisme pervertit la mission fondamentale de la langue : donner un sens au monde dans une intention de transmission et de continuité. Il est urgent que familles, éducateurs et responsables culturels mènent chacun et ensemble un combat de défense et de reconquête, cela sur trois lignes de résistance.

Premièrement, refuser que certains de nos enfants restent enfermés dans le cercle étroit de la connivence, de la proximité et de la banalité. Apprendre à accepter l'Autre dans ce qu'il partage avec soi mais aussi — et surtout — dans ce qu'il ne partage pas, c'est reconnaître le véritable enjeu de l'exercice du langage. Plus l'Autre m'est étranger, plus il m'intéresse d'entrer avec lui en négociation linguistique ; et, en ouvrant cette négociation délicate, plus j'honore la langue et la sers en l'obligeant à donner le meilleur d'elle-même [2]. Lorsque connivence et proximité conditionnent l'existence même de la communication, se constituent de véritables ghettos linguistiques au sein desquels tout ce qui semble appartenir à un autre univers culturel ou cultuel paraît d'emblée suspect, hors de question, hors de portée.

Deuxièmement, refuser de voir l'arbitraire s'imposer dans la relation qu'entretiennent le thème et le propos, couple fondateur du message écrit ou oral : si, comme nous l'avons indiqué, la langue est faite pour tenir des propos sur le monde, l'enjeu essentiel de l'échange linguistique tient dans notre capacité à justifier ou à mettre en cause la validité du rapport qui lie ce dont je parle à ce que j'en dis. Savoir refuser que l'on dise (ou écrive) n'importe quoi à propos de n'importe quoi, c'est repousser

2. Gilles Deleuze avait à ce propos une belle expression : il faut, disait-il, « pousser la langue jusqu'à ce qu'elle bégaie ».

l'anathème décrété comme l'apologie aveugle qui l'un et l'autre dispensent avec autant d'obstination que de certitude l'opprobre ou la louange. Accepter d'exposer la légitimité de son propos au questionnement de l'autre tout en revendiquant le droit de questionner le sien, c'est inscrire l'exercice du pouvoir linguistique dans une perspective de courage et de tolérance.

Troisièmement, refuser l'approximation et l'aléatoire dans la relation aux discours et aux textes. Le message linguistique porte et manifeste l'intention et la volonté de celui qui parle ou de celui qui écrit ; c'est donc vers ce message que doivent s'orienter prioritairement les efforts d'attention et d'identification de celui qui écoute ou de celui qui lit. Le respect du discours et du texte ne signifie pas soumission servile. La démarche d'interprétation et de critique sera d'autant plus profonde et d'autant plus pertinente qu'elle s'appuiera sur une construction du sens attentive aux indices lexicaux, syntaxiques et énonciatiques : le contexte ne dispense pas du texte ; il l'éclaire, l'amplifie et l'actualise ; il ne saurait s'y substituer.

Lorsque l'on adopte une attitude de résistance à l'enfermement, à l'arbitraire et à l'approximation, on perçoit le caractère particulièrement dérisoire des efforts, aussi bruyants que coûteux, de ceux qui prétendent sauver notre langue en la préservant de l'envahissement de tournures et de mots étrangers. Alors que le verbe se meurt, on ne peut se contenter de dénoncer son impureté, et de préconiser purge et saignée. La vraie défense de la langue française, c'est le refus que certains soient exclus de la communauté linguistique, c'est le combat pour une distribution plus équilibrée du pouvoir linguistique. C'est à ce prix seulement que l'on préservera le lien social sans lequel notre société ne serait plus qu'un conglomérat de groupes imperméables les uns aux autres, prêts à tous les affrontements, à toutes les violences.

Cessons de faire semblant ! Faire semblant d'élever des

enfants sans leur apporter la médiation attentive et exigeante dont ils ont le plus absolu besoin. Faire semblant d'apprendre à lire à des petits Français sans leur assurer une maîtrise suffisante de leur langage. Faire semblant d'accueillir au collège des élèves sans leur donner autonomie et polyvalence de lecture. Faire semblant de former professionnellement de jeunes adultes sans leur avoir appris à lire et à écrire. Faire semblant enfin de défendre l'excellence et la pureté de notre langue tout en acceptant qu'un Français sur dix soit en situation d'insécurité linguistique globale [3]. C'est cette accumulation d'hypocrisies et de lâchetés qui nourrit l'illettrisme. Bien au-delà des difficultés de lecture et d'écriture qu'il révèle, l'illettrisme dénonce la lente détérioration du pouvoir du verbe et exprime notre renoncement tragique à donner sens au monde.

3. ...et quand on laisse des pays dits « francophones » sombrer dans un analphabétisme quasi général.

Remerciements

À mes amis et collaborateurs Pierre Fort (IEN à Nantes), Jean Mesnager (Observatoire national de la lecture) et Jean-Philippe Rivière (docteur en linguistique) dont les travaux ont nourri ma réflexion.

À Léon Gani, sociologue démographe, dont la rigueur et l'amitié ont accompagné mon parcours de recherche.

À Philippe Meirieu, dont la réflexion profonde et généreuse a éclairé mes travaux.

Sommaire

COLLECTION

EN GÉNÉRAL ET EN PARTICULIER

Jean-Marie Colombani, *De la France en général et de ses dirigeants en particulier*, 1996.
Philippe Manière, *De la pression fiscale en général et de notre porte-monnaie en particulier*, 1996.

À paraître

Paul Lombard, *Du mensonge en général et de certains menteurs en particulier.*
Claude Sarraute, *Des hommes en général et des femmes en particulier.*
Jean-Pierre Coffe, *De la vache folle en général et des consommateurs en particulier.*

La photocomposition de cet ouvrage
a été réalisée par
GRAPHIC HAINAUT
59690 Vieux-Condé

Achevé d'imprimer en octobre 2005
sur les presses numériques de BOOKPOLE
BP 12 - ZI Route d'Etampes - 45330 Malesherbes
http://www.imprimerie-bookpole.com

pour le compte des Editions Plon
76, rue Bonaparte
75006 Paris

N° d'édition : 18428/12 - N° d'impression : 105/07035D
Dépôt légal : octobre 1996
Imprimé en France